大学小课

重读西方经典

Great
Wisdom

Small
Courses

韩毓海 著

人民文学出版社

图书在版编目（CIP）数据

大学小课：重读西方经典 / 韩毓海著. —— 北京：人民文学出版社，2024. —— ISBN 978-7-02-018901-4

Ⅰ. B1

中国国家版本馆CIP数据核字第2024E0K262号

责任编辑	陈彦瑾　陈　悦
责任校对	杨益民
装帧设计	刘　远
责任印制	张　娜

出版发行	人民文学出版社
社　　址	北京市朝内大街166号
邮政编码	100705

| 印　　刷 | 河北新华第一印刷有限责任公司 |
| 经　　销 | 全国新华书店等 |

字　　数	173千字
开　　本	850毫米×1168毫米　1/32
印　　张	11　插页1
印　　数	1—20000
版　　次	2024年9月北京第1版
印　　次	2024年9月第1次印刷

| 书　　号 | 978-7-02-018901-4 |
| 定　　价 | 59.00元 |

如有印装质量问题，请与本社图书销售中心调换。电话：010－65233595

大学小课

重读西方经典

Great Wisdom Small Courses

亚里士多德拿经济同货殖作对比。他从经济出发。经济作为一种谋生术,只限于取得生活所必要的并且对家庭或国家有用的物品……商品交易……成了货殖,成了赚钱术。货殖与经济的区别是:"对货殖来说,流通是财富的源泉。货殖似乎是围绕着货币转,因为货币是这种交换的起点和终点。因此,货殖所追求的财富也是无限的。一种技术,只要它的目的不是充当手段,而是充当最终目的,它的要求就是无限的,因为它总想更加接近这个目的……有界限的是经济而不是货殖……前者的目的是与货币本身不同的东西,后者的目的是增加货币……由于把这两种难以分清的形式混为一谈,有人就以为,无限地保存和增加货币是经济的最终目的。"

——卡尔·马克思《资本论》

有一种悲痛无以言述，有一种伤口无法治愈。啊朋友！朋友们都已逝去，这里只留下空着的桌椅。

他们在这里讲述革命的奇迹，他们在这里点燃火炬，在这里，他们唱着明天的歌，而明天，却永远不会来临。

从角落的桌子，他们眺望了新世界的诞生，我听到了他们——他们正站在新世界歌唱，歌声变成了人类最后的共同体。

残阳下最后一个街垒——啊朋友！朋友们都已逝去，这里只留下空着的桌椅。

有一种悲痛无以言述，有一种伤口无法治愈。幽灵在窗外走过，地板上还有幽灵的倒影，朋友啊朋友！朋友们都已逝去，这里只留下空着的桌椅。

请原谅我幸存下来，独自听着幽灵的歌曲，歌声变成了人类最后的共同体。

——克劳德-米歇尔·勋伯格、阿兰·鲍伯利
《悲惨世界》（音乐剧）

目录

缘起　*001*

第一篇·柏拉图、亚里士多德、洛克、克劳塞维茨　*001*

第二篇·黑格尔　*055*

第三篇·马克思　*119*

第四篇·熊彼特　*163*

第五篇·萨缪尔森　*203*

第六篇·弗里德曼　*257*

第七篇·第三世界的经济学　*279*

附录：参考书目　*319*

缘起

我记得：2014年5月4日上午，时任北京大学校长在汇报建设世界一流大学的举措时，讲到了要开展"小班教学"。

开展"小班教学"的意思是：只要面向未来、面向世界、面向学术前沿的课程，只要目前世界一流大学有的基础课、前沿课，我们都要争取开，即使只有几个学生选，我们也支持教授开课。

"西方哲学社会科学经典著作导读"这门课，就符合这样的原则，它是世界一流大学的基础课，哈佛、耶鲁、哥伦比亚大学——包括我曾经任教过的纽约大学都有这个课，只不过他们那是开大课，而不是小班教学。

2016年5月17日，习近平总书记在哲学社会科学工作座谈会上发表重要讲话，其中这样讲道：

> 理论思维的起点决定着理论创新的结果。理论创新只能从问题开始。从某种意义上说，理论创新的过程就是发现问题、筛选问题、研究问题、解决问题的过程。马克

思曾深刻指出:"主要的困难不是答案,而是问题。""问题就是时代的口号,是它表现自己精神状态的最实际的呼声。"柏拉图的《理想国》、亚里士多德的《政治学》、托马斯·莫尔的《乌托邦》、康帕内拉的《太阳城》、洛克的《政府论》、孟德斯鸠的《论法的精神》、卢梭的《社会契约论》、汉密尔顿等人著的《联邦党人文集》、黑格尔的《法哲学原理》、克劳塞维茨的《战争论》、亚当·斯密的《国民财富的性质和原因的研究》、马尔萨斯的《人口原理》、凯恩斯的《就业、利息和货币通论》、约瑟夫·熊彼特的《经济发展理论》、萨缪尔森的《经济学》、弗里德曼的《资本主义与自由》、西蒙·库兹涅茨的《各国的经济增长》等著作,过去我都翻阅过,一个重要感受就是这些著作都是时代的产物,都是思考和研究当时当地社会突出矛盾和问题的结果。

由此我体会到,马克思主义是西方哲学社会科学发展的高峰,讲西方哲学社会科学,必须以马克思主义为指导,同时,我们也不能离开西方哲学社会科学的历史发展,去孤立地讲马克思主义。

自2017年第一学期起，我开始在北大开设"西方哲学社会科学经典著作导读"，开课的理由，就是从问题出发，正如马克思曾经说过的那样，这首先是为了解决自己在学术研究中遇到的问题。这门选修课，采用的是小班教学的方式，当然，这也是响应建设中国特色世界一流大学的举措，所以，把它称作"大学小课"。

说到"西学"，我想起较早向中国系统介绍西方哲学社会科学的严复的话。在《天演论》中，严复说："自希腊倡说以来，至有明嘉靖隆、万之间，其说始定，定而后新学兴，此西学绝大关键也。"[1]

所谓"从问题出发"，首先就是从严复所提出的"西学绝大关键"出发。按照我个人的理解，西方自1500年以降的兴起，当然不能简单地说是其力量（特别是军事暴力）优势所造成的，但是，我们可以明确地把它描述为西方在"科学"与"资本"这两个主要方面的优势之确立。而在严复以来的中国人看来，这种优势的确立，乃是西方文明自古希腊以来长期"进化"所造成的结果，中国面临的问题，则是如何完成这样的"进

---

[1] [英]赫胥黎《进化论与伦理学（全译本）》（附《天演论》），宋启林等译，北京大学出版社，2010年，第188页。

化",以变"落后"为"进步"。

严复还认为,人类的一切进化,皆可归结为人脑的进化。他甚至认为西方的人脑已经进化了七成,"今日欧民之脑,方之野蛮,已此十而彼七",[①]而西方人脑之进化,一体现为科学,一体现为资本。赫胥黎的《进化论与伦理学》由六部分构成,除了谈科学与道德之外,其中第四部分叫《资本——劳动之母》。不知为什么,严复的《天演论》对赫胥黎著作里这最重要的一部分,却只字未提。

为什么严复把进化理解为人脑之进化?

实际上,"科学"与"资本"的兴起,基于相同的人类行为偏好,即把包括自然界在内的人的所有感性活动(劳动与生活),对象化为人脑的理性活动(这是马克思反复指出的)。资本的逻辑与科学的逻辑基于共同的前提,众所周知,是笛卡尔最早揭示了这一前提。他把代数、几何、逻辑融合为一体,使数字能够在逻辑的前提下转化为图像,这就是"数字成像"技术的起源。简单地说,所谓"人脑的进化",就是笛卡尔的"我思",此乃一切"科学思维"之基础,而所谓资本,无非就

[①] [英]赫胥黎《进化论与伦理学(全译本)》(附《天演论》),宋启林等译,北京大学出版社,2010年,第171页。

是在财富的意义上理性化了的全部自然与人类的感性活动。

而对我来说,"从问题出发"的更为关键的一点,则在于搞明白:"进化"与"进步"这两者不是一回事。我以为,这乃是我们研究西学时必须时刻放在心中的一个最为重要的前提。

进化,这是人类生存斗争的方式。从进化的角度看,科学与资本乃是现代人类生存斗争的最重要方式,这种方式最早为西方所掌握。也正是从生存斗争的角度看,正如赫胥黎所指出的那样,科学与资本既不是道德的,也不是反道德的,因为它是"非道德的"。

而进步,则是指人类的生存斗争与人类的伦理追求之间的矛盾。进步,简而言之,是指将生存斗争置于人类的伦理底线所能忍受的范围之内,而只有在自然人与伦理人之间的矛盾之中,我们才能去思考什么是"进步",从而努力超越"进化"。

从伦理的角度去思考人类的生存斗争,这是哲学社会科学与自然科学之间的微妙区别,它决定了马克思观察资本主义体系的独特角度,甚至也决定了中华文明理解西方现代文明的角度。实际上,无论严复还是毛泽东,他们都是从伦理学的角度出发去理解人类的生存斗争的,而这就意味着从"进步"的角度去理解"进化"。

资本是人类生存斗争——进化的重要方式，问题在于，如何从伦理的角度去理解这种进化，而不是简单地、单向度地把这种生存斗争的进化方式，理解为"进步"。

我就是从这样的立场出发，去观察西方哲学社会科学的，这是我必须向读者诸君事先交代的基本立场。

课程的讲授者不应隐瞒自己的立场，但仅仅有立场是不够的。一门课，总要有纲，有线索。最简要地概括这门课的讲解线索，那就是：不仅描述了西方学术自欧洲向美国的转变，而且，也解释了这种转变的实质——从自由劳动的共同体，向着资本主义体系的转变。

黑格尔把现代历史理解为劳动的主体性的构建，或者说，通过劳动构建现代主体性的过程。在黑格尔劳动主体性理论的基础上，马克思则通过揭示劳动的"异化"，从而展示了现代世界的另外一幅画卷。在《资本论》中，他揭示了无产阶级的被剥夺（当"劳动价值"被古典经济学理解为"劳动力的价值"），农民的失地（从亨利八世剥夺教会土地开始），残酷的殖民主义（从1492年开始），以及高利贷转变为合法的信贷（这是路德新教改革的实质）。他不仅区分了劳动与异化劳动，而且区分了经济活动与资本、信贷（即他所谓"货殖"）。马克思认为，这种区别如此古老和经典，以至于在《资本论》中借用亚里士多德的论述来说明它：

> 亚里士多德拿经济同货殖作对比。他从经济出发。经济作为一种谋生术，只限于取得生活所必要的并且对家庭或国家有用的物品……商品交易……成了货殖，成了赚钱术。货殖与经济的区别是："对货殖来说，流通是财富的源泉。货殖似乎是围绕着货币转，因为货币是这种交换的起点和终点。因此，货殖所追求的财富也是无限的。一种技术，只要它的目的不是充当手段，而是充当最终目的，它的要求就是无限的，因为它总想更加接近这个目的……有界限的是经济而不是货殖……前者的目的是与货币本身不同的东西，后者的目的是增加货币……由于把这两种难以分清的形式混为一谈，有人就以为，无限地保存和增加货币是经济的最终目的。"①

换句话说，自马克思开始，分析经济与社会，就不能像黑

---

① 《马克思恩格斯文集》第五卷，人民出版社，2009年，第178页。

格尔那样从"劳动"出发,甚至不能像亚里士多德那样从"经济"出发了,分析19世纪的经济与社会,必须从资本和信贷出发。

如果说,黑格尔完成了欧洲的思想体系,那么,马克思则率先揭示了这一体系的瓦解与转变。因此,如果我们以黑格尔、马克思为界,向前追溯西方学术的历史,那就是古希腊以来的西方哲学社会科学,而如果向后观察其变异,那主要就是新古典经济学,而新古典经济学的土壤主要是在英国和美国。

在马克思之前,经济学的主题是劳动;在马克思之后,经济学的主题是资本和信贷。离开了资本,离开了信贷,离开了从劳动到资本与信贷的转变,我们就不能理解欧洲革命的失败,也就不能准确地观察美国统治的世界。

关于黑格尔的劳动共同体,关于法国大革命以及欧洲的革命所开启的现代性,马克思说:"黑格尔在某个地方说过,一切伟大的世界历史事变和人物,可以说都出现两次。他忘记补充一点:第一次是作为伟大的悲剧出现,第二次是作为卑劣的笑剧出现。"①

---

① 《马克思恩格斯文集》第二卷,人民出版社,2009年,第470页。

经济思想的转变，是欧洲大革命转变的结果。马克思指出：欧洲的大革命，其实早在1815年拿破仑遭遇滑铁卢时就已经失败了，而在拿破仑失败的地方，黑格尔的劳动共同体就已经瓦解了，在这里，被终结的不是统治的历史，而是革命的历史。神圣同盟即大国联盟，就是靠信贷打垮了拿破仑、打垮了法国，打垮了欧洲的革命。于是，马克思说，在这番历史的漫画里，"第一次是法国站在破产的边缘，这一次是波拿巴自己站在债务监狱的边缘；当初是大国联盟站在边境，这一次是卢格和达拉什联盟在英国，金克尔和布伦坦诺联盟在美国"。[1]

克劳塞维茨作为普鲁士援军的一员，参与了滑铁卢战役，在滑铁卢，正是他担任参谋的普鲁士援军，给了拿破仑最后致命的一击。这场伟大的事变，使他思考战争与政治、战争与人民、战争与艺术，即从军事、教育与命运的角度去思考战争，从战争的角度去思考历史。也就是从那时起，他开始写《战争论》。我们的课程里会讲到他。

维克多·雨果曾经凭吊了滑铁卢的旧战场，在《悲惨世界》中，他这样写道：

---

[1] 《马克思恩格斯文集》第二卷，人民出版社，2009年，第470页。

假使我们从最高处观察问题，就可以看出滑铁卢是一次有计划的反革命的胜利。是欧洲反抗法国，彼得堡、柏林和维也纳反抗巴黎，是现状反抗创举，是通过1815年3月20日向1789年7月14日进行的打击，是王国集团对法兰西不可驯服的运动的颠覆。总之，他们的梦想就是要扑灭这个爆发了二十六年的强大民族。是不伦瑞克、纳索、罗曼诺夫、霍亨索伦、哈布斯堡和波旁的联盟。滑铁卢是神权的伥鬼。的确，帝国既然专制，由于事物的自然反应，王国就必然是自由的了，因而有种不称心的立宪制度从滑铁卢产生出来了，使战胜者大为懊丧。那是因为革命的力量不可能受到真正的挫败，天理如此，绝无幸免，革命力量迟早总要抬头。①

1847年12月11日，就在滑铁卢咫尺之遥的布鲁塞尔，马克思、恩格斯完成了《共产党宣言》，开始思考与过去的历史条件不同的新的形式的伟大斗争。

知彼是为了知己。不能知彼，则不能知己。开这门课的目

---

① ［法］雨果《悲惨世界》上卷，李丹、方于译，人民文学出版社，2017年，第348页。

的，当然不是照搬西方大学的基础课，而是以西方道路为比较，以第三世界的道路为参照。这门课的实际上的目的，是解决我们自己的问题，它的落脚点是中国道路。

这门课是从问题出发的，是从中国自己的问题出发的。这个问题就包括如何从"进步"的角度去理解"进化"（生存斗争意义上的"发展"）。

近十余年来，中国经济经历了从土地信贷驱动（房地产）向着高质量产业驱动的转变，我们开展了西方教科书中前所未见、人类历史上前所未有的大规模的扶贫，它不仅诉诸"共同富裕"的信念，更从基层稳固了中华民族共同体。中国的变革推动了世界的转变，"一带一路"重新塑造了中国与世界的关系——这一系列伟大的转变、伟大的实践，需要理论创新的引领，时代要求我们说出一些新话，想出一些新思路。自然，说新话、干新事难，想新事也很难，新的实践总是在与旧话、旧事、旧思路的复杂反复纠缠中艰难突围的，因为我不是旁观者，不是躺平的人，因此，感到办事之难、转变之难，这也是很自然的。

这门课自开设以来，其间没有得到多少赞和（这主要是因为它不在"绩点必修课"范围之内）——这本不足以使我失落；

但却得到了个别的反对，比如说：大学生必须好好读教材、教科书，只有熟悉教材教科书，才能顺利考试过关，才能混绩点。要想了解西方，了解黑格尔，了解马克思，看看教科书就行了，何必当真，何必求根问底？

还有：中文系的师生，何以放着亲师们编印的伟大教材不读、不学，而去读什么经典？何必去读什么《资本论》《论犹太人问题》？这岂不是舍近求远，岂不是自己的地没种好，反去浇别人的庄稼？西方经典有什么用，难道黑格尔、马克思能帮你答辩论文，推荐你找工作吗？

这反对使我感到快乐和满足，因为在北大讲课，有人非议是再正常不过的事，而一个教师，他在北大所能获得的最大支持就是：并不因为有人反对，这门课就必须禁止，恰恰相反，这或许正说明了开这门课的价值。据说，这个规矩是蔡元培定下的。无论如何，如果没有这个规矩，陈独秀就不能在北大宣传新文化，鲁迅就不能在北大开"中国小说史"，梁漱溟就不能在北大讲佛学，李大钊就不能在北大讲马克思主义。

"寂寞新文苑，平安旧战场。两间余一卒，荷戟独彷徨。"

这门课已经讲了七年，听课的人虽不多，但来者全凭兴趣，可谓"自生自发"；在我则是只有提纲，并没有讲义，更没有形成教材、传之后世的打算，因此可谓"自生自灭"。

郭晓琳老师这学期来听课，临近期末，忽然发来了整理好的部分听课笔记。虽然只是一部分，但读起来使我感动到了内疚。这些散漫之论，本不值得她如此劳心费力整理成文字的，但她触发了我的初心。所谓初心，也就是以学问报答亲友，报答读者，报答青年，报答北大乃至人民的心。

人民文学出版社要出我的书，不过我一直觉得，其实没有什么文字是可以出版的，于是事情就搁置在那里，于今已经一年。现在孔令燕同志说，这些讲课的内容也是可以的，但我有自知之明——这些内容主要是讲经济的，与文学，特别是纯文学关系不大，倘贸然出版，恐是于今天的纯文学大不利，如果引起文学门阀们的不快，对今天的文学场造成破坏，乃至造成损失，这绝然是很不划算的事情。

但孔令燕同志似乎不顾这些。她的理由是，马克思是莎士比亚的知音，熊彼特也说过写经济史要参照文学史的写法，我们的文学是为人民的，经济学难道就不为人民了吗？

她这一问，也问到了我写书、教课的初心。

其实，我的同事总是问我：你点灯熬油，把自己熬得满头飞雪，你每天这么干，有什么意义？你快乐吗？

我想说，我这么干，当然不是为了评奖评职称"戴帽子"。我这么干，简单说就是为了报恩。我这辈子，受纳的恩情实在太多了。

我们置身于高度生存竞争的世界里，在"内卷"中完成着知识与自身的"进化"。至于这种"进化"在多大程度上可以称之为"进步"，则是我们所面临的基本问题，或者说，是另外一个问题。而我想说明的是：使得一个人文学科的教授冒险去阅读经济学的理由，不在于浪漫的空想，而恰恰在于怎样从伦理的角度去反思这个高度生存竞争的世界。这并非"自作多情"，而正是一种冷静的态度。

我二十岁的时候，去上海访问鲁迅故居，因为没有钱买回程的火车票，汾阳路上的一位宾馆服务员，给了我十块钱，没有打借条。两年前，一个萍水相逢的兄弟，为了救我父亲，在疫情之下，一夜开车一千里，送我进北京。我二十二岁时，北大研究生招生办的李俊杰老师，给我这个陌生的外地考生，买了一盒北大的午餐，还安排我睡在他的办公室里，等我吃饱了，他突然告诉我："你的英语考了八十六分，这可是很高的分数，小伙子，你不简单。"

那天，我离开李老师办公室的时候，并不知道我是永远地离开了他——李老师不久就去世了。想来，也是那天，离开李老师的办公室后，我在北大东门外，突发奇想，把口袋里所有的钱都给了一个来北京看病的老大娘，而那个大娘告诉我一句话：好人应该住在好地方。

后来，每当我走过李俊杰老师工作的地方，我就会想起老大娘的话：好人应该住在好地方。

好地方应该是天堂吧！忘记了谁说过，读人类伟大的经典著作，你会听到造物主在天堂哭泣；又忘记了谁说过，每当想起马克思的形象，就仿佛看到造物主化装成一个乞丐来到人间，向我们伸出他的手，悲恸地说：起来，全世界受苦的人。

这又使我想起，2008年冬天，我在百老汇看克劳德-米歇尔·勋伯格和阿兰·鲍伯利的音乐剧《悲惨世界》，这也是西方经典和保留剧目。其中马吕斯唱道："有一种悲痛无以言述，有一种伤口无法治愈。幽灵在窗外走过，地板上还有幽灵的倒影，朋友啊朋友！朋友们都已逝去，这里只留下空着的桌椅。"那一刻，我痛彻心扉，但却又感到无话可说。

雨果曾经说过："你要了解革命是什么吗？称它为进步就是；你要了解进步是什么吗？管它叫明天就是。明天一往直前地做它的工作，并且从今天起它已开始了。而且很奇怪，它从来不会不达到目的。"①

后来，每当我走进红楼，走进诸如杨家沟十二月会议的窑洞，乃至走进西柏坡那个由伙房临时改成的会议室，这歌声似乎总是自天而降：

他们在这里讲述革命的奇迹，他们在这里点燃火炬，在这里，他们唱着明天的歌，而明天，却永远不会来临。

从角落的桌子，他们眺望了新世界的诞生，我听到了他们——他们正站在新世界歌唱，歌声变成了人类最后的共同体。

到了我这个岁数，许多事情其实不必再做，更不必拼命去做，写书并没有那样重要，多写不如少写——这些道理我也懂。但对我来说，有些事情不做，总是感到对不起自己的心。

我不能战胜自己的心。所以，有人说，你事多，因为你心软；你命苦，是因为心事太重。

江山易改，本性难移啊。

---

① ［法］雨果《悲惨世界》上卷，李丹、方于译，人民文学出版社，2017年，第348页。

有一种悲痛无以言述,有一种伤口无法治愈。幽灵在窗外走过,地板上还有幽灵的倒影,朋友啊朋友!朋友们都已逝去,这里只留下空着的桌椅。

万家墨面没蒿莱,敢有歌吟动地哀。
心事浩茫连广宇,于无声处听惊雷。

虽然名曰"大学小课",其实,这里面没有多少学问,也许就是因为很寂寞,就想与大家说说心事而已吧。

第一篇 柏拉图、亚里士多德、洛克、克劳塞维茨

一——政治与思想
二——政治与法治
三——政治与战争

第一篇

柏拉图、亚里士多德、洛克、克劳塞维茨

讲到西方,我们首先会将其与欧洲文明联系起来。"欧罗巴"(Europa)这个名字来源于希腊神话,描述了一个被宙斯化作公牛驮跑的姑娘。这个抢劫或者"劫色"的故事,就是欧洲起源的传说。公元前8世纪,"欧罗巴"第一次出现在希腊诗人赫西俄德的诗篇里,公元前6世纪末,希腊人将地球划分为两个区域:欧罗巴和亚细亚。①

多年前,我从北京出发,乘坐去往欧洲的航班,凌晨时起飞,经过半夜的飞行,到达土耳其的伊斯坦布尔。在这里,我们会看到与首都机场完全不同的景象。规模庞大的伊斯坦布尔机场,历史悠久、人流如潮的大巴扎集市,展现了一个全然不

---

① [德]曼弗雷德·马伊《欧洲简史》,吕叔君译,东方出版社,2023年,第13—14页。

同的伊斯兰文化。

中午,从伊斯坦布尔起飞,两个小时后,就飞到阳光明媚的地中海。

欧洲大陆有这样三个伸入地中海的地方,一个像爪子,一个像靴子,一个像大饼,就是希腊人、罗马人、西班牙人的故乡。地中海是西方文明的摇篮,因此有人把西方文明称为地中海文明。它与发端于黄河流域的中华文明是不一样的。

意大利,像一只伸入地中海的小靴子。我们今天提到意大利,远没有罗马知名。意大利共和国于1946年6月2日建立,而罗马历史悠久。希腊兴起的时候,罗马还只是边缘地区,但后来,罗马成为西方文明发展史上第一个帝国。

当我们回溯汉密尔顿等人的《联邦党人文集》,会发现作者群体当时就化名为普布利乌斯(Publius)[1],而这是一个罗马执政官的名字——《联邦党人文集》的作者们,力图在新大陆建立一个像罗马那样的体制,这个体制包括了元老院、参议院、众议院、陪审团,等等。只要去看《联邦党人文集》,就会知道美国的建国理想就是复现罗马。

---

[1] 普布利乌斯·瓦列里乌斯·普布利可拉(Publius Valerius Publicola),罗马共和国奠基者,古罗马执政官。

在欧洲西部，非洲撒哈拉沙漠的西北方，有个伊比利亚半岛。这里有两个国家：西班牙和葡萄牙。它们位于地中海更边缘的地方，国土大半是山区，盛产金银，民风好勇斗狠。历史上，地中海北岸的强权势力，一直与地中海南岸的强权势力进行争斗，最典型的是罗马与迦太基[①]，在西西里岛、伊比利亚半岛、北非进行过长期战争，史称布匿战争，或腓尼基战争。1492年之后，西班牙人、葡萄牙人就是从这里闯出直布罗陀海峡，他们航行的对面就是美洲，把欧洲与新大陆联系起来的就是大西洋。欧洲在世界上真正变得重要，是从大航海开始的。航海使欧洲人更加认识到贸易的重要性，随着大量的移民到达北美，西方的概念里包含了北美。

希腊东北方向的一个海，叫黑海，黑海南边是土耳其。隔着爱琴海，希腊向东与土耳其相望。罗马帝国分裂之后，形成东罗马帝国和西罗马帝国。东罗马帝国建都君士坦丁堡（拜占庭），因此又称"拜占庭帝国"。拜占庭帝国一直存在到中国的明朝景泰四年，它的语言是希腊语，信奉东正教。希腊文明不

---

① 迦太基（拉丁语：Carthago）：位于北非地中海沿岸（今突尼斯境内）的古城，与罗马隔海相望。"迦太基"在腓尼基语中意为"新的城市"，在古罗马文献中也被称为"布匿"。

单影响欧洲，对整个斯拉夫世界也有非常重大的影响。什么影响呢？除了希腊语和东正教之外，当然还有亚里士多德的影响，亚里士多德极大地影响了斯拉夫世界。更具体地说，他的辩证法与政治学，影响了列宁、斯大林。

黑海往北，从保加利亚到波兰等地构成的东欧平原，与整个斯拉夫世界是联系在一起的，这里是现在世界上最热点的地方，俄罗斯与乌克兰的战争就在这里爆发。

从地中海往东，我们称之为"新月地带"，一直延伸至开罗，这里有叙利亚、黎巴嫩、巴勒斯坦，就是在这一带，产生了世界著名的三大宗教：犹太教、基督教、伊斯兰教。

罗马、拜占庭、犹太教、基督教、伊斯兰教，都在地中海一带产生，而地中海文明的核心，最初是希腊。希腊作为西方文明的起源地，产生了两本经典——《理想国》和《政治学》。

我先讲一下柏拉图的《理想国》。

古希腊是多个城邦的总称。城邦很小，它不能叫作国家，它是以部落为基础建立的一种组织。如果把地中海看作一个池塘，那么，它周围的城邦就像一群在池塘边呱呱叫的蛤蟆。像雅典、罗马、斯巴达这样比较大的城邦，其人口结构是怎么样的呢？假如人口有五十万，则其中大概有三十万奴隶，十几万是自由民，极少数是贵族，这是所谓的希腊制度。

关于希腊、罗马制度，长期存在着许许多多的不实之词，其中有欧洲来的，也有中国人自己想象出来的，就是"希腊是民主制的起源"。这个说法其实毫无道理。希腊、罗马本质上是奴隶制。上层按照程序民主举行"办公会"制度，十几万的自由民参与民众选举，而大多数奴隶与决策和民主毫无关系。因此，在讲到希腊、罗马制度时，马克思这样说："人们忘记了主要的一点，即在古罗马，阶级斗争只是在享有特权的少数人内部进行，只是在富有的自由民与贫穷的自由民之间进行，而从事生产的广大民众，即奴隶，则不过为这些斗士充当消极的舞台台柱。"[1]

希腊最主要的三个思想家——苏格拉底、柏拉图、亚里士多德，被称为"希腊三贤"。他们三人之间，恰好是一个师承的关系。苏格拉底自己并没有什么著作，但他的话都被他的学生柏拉图，以他本人的口吻说出来了。柏拉图非常有意思，他似乎没有他自己的话，他的著作里基本上是苏格拉底怎么说。所以我们讲柏拉图的时候，就必须先说说苏格拉底这个人。

---

[1] 《路易·波拿巴的雾月十八日》1869年第二版序言，《马克思恩格斯文集》第二卷，人民出版社，2009年，第466—467页。

苏格拉底是石匠出身，是一个手工艺者，身份比较低微，介乎奴隶和自由民之间。他喜欢说脱口秀"毒害"青年，经常问年轻人问题，把人带到陷阱里，然后就得意扬扬，哈哈大笑。因为老说脱口秀戏弄大家，苏格拉底被城邦当局判定不敬神灵，腐蚀青年，因此判了死刑。他被抓到牢里的时候，本是可以随时逃跑的。但苏格拉底坚决不跑，这就是柏拉图《斐多篇》里的"苏格拉底的最后一次谈话"。

人死之前会谈什么呢？这是一个很有意思的问题。这篇文章我推荐大家读一读。

他谈了对死亡的理解，而对死亡的理解，又建立在他对身体的理解之上。我念其中的一段：

> 首先，身体在我们追求必需的生活资料的时候，提供了无数使人分心的事情；而任何攻击我们的疾病，都会阻挠我们对真情实况的探求。其次，身体为我们装满了爱、欲望、恐惧、各式各样的幻想以及一大堆毫无价值的东西，结果我们确实永远无法有机会思考任何事情。战争、革命和战斗的发生，完全地、独一地是因为身体和它的欲望所引起的。所有的战争都是为了获得财富才发生的；而

我们之所以要获得财富是为了身体，因为我们是为身体服务的奴隶。也正是因为所有上述理由，我们才只能抽出那么少一点时间研讨哲学。最糟糕的是，如果我们在身体的各种需求之余还有任何闲暇，而且把它转向一些探索的路线，我们的身体会再一次侵入我们的调查，打断我们、扰乱我们、分散我们的注意力，阻止我们瞥见真理。实际上我们确信，如果我们想获得任何事物的纯粹知识，我们必须摆脱身体，同时单纯地用灵魂来周密地考虑事物本身。按照这个论点推论下去，我觉得，不是在我们有生之年，而只有在我们死去之后，我们才能获得我们所企求的，我们表明过一心想得到的智慧。如果人在有身体陪伴的时候不可能获得纯粹知识，那么，结论不出下列两项：其一是，人完全不可能获取知识；其二是，人只有死去后才可能获得知识，因为在死去之后，灵魂才能跟身体脱离而独立。我觉得，只要我们活着，如果我们能尽可能地（除非它们是绝对必需）避免与身体的所有接触和关联，我们将继续跟知识靠得非常近；我们要净化我们自己，不让我们被身体的性能感染。①

苏格拉底临刑前的这些话，对我们有什么启示呢？如果放在当下的语境里，这就是说，如果你无法一心一意地听我讲课，一会你饿了，一会你累了，一会想女朋友了，一会又想别的什么了，那这一切都是你的身体在作怪。所以，你要追求知识，首先要净化自己的身体。

知识是什么？知识是净化。简而言之，你要想达到真理，就必须脱离身体的干扰与束缚。听起来，这个说法似乎是挺令人反感的。但这是苏格拉底临终前说的话。人之将死，其言也善，无论如何，这些话可能是真话。他想告诉我们，没有了身体的欲望与牵绊，人才能全心全意地思考。所以，什么是哲学？哲学是对死亡的意识。这是黑格尔说的。黑格尔说：人与动物一个很重要的不同是，人能明确地意识到自己是会死的。而向死而生，向死而思，这个想法是从柏拉图这来的。简单地说——获取知识的前提是思考死亡。

死亡是通往形而上学的桥梁，形而上学的基础是对死亡的

---

① [古希腊]柏拉图《苏格拉底之死》，谢善元译，上海译文出版社，2011年，第137—138页。

意识。我举例说明：我们的胡适之校长少年时光，曾经去康奈尔大学学种苹果。康奈尔大学所在的伊萨卡，地老天荒，风光壮丽，光瀑布就有好几个。还有著名的加州大学伯克利分校，金门大桥就在附近，有学生从那里跳下去自杀。我去普林斯顿和一些西方世界一流大学路上，往往会经过墓地。我说好不吉利，怎么把大学建在墓园的旁边，建在这么晦气的地方呢？但是，如果从柏拉图这里出发，其实不难理解校园与墓园的关系：你要想获取知识，就必须意识到死亡，因为只有死亡能够证明灵魂是不死的，能够证明一个超越感觉的世界是存在的。

苏格拉底的说法，跟他大致同时代的孔夫子那是截然相反的。如果孔夫子听到这话，那就会说算了吧，"未知生，焉知死"。中华文明的特点是贵生，怎么能一开口就说死呢？如果大家来读大学的第一个前提就是你看透了，那为啥不直接到庙里去净化自己，到大学来干吗呢？

其实，苏格拉底所谓追求知识，就与修行差不多，他说，当你拒绝了身体的诱惑之后，就可以迈向知识了。这是他一个很有意思的说法——所有的生都是从死开始的，最终又会回归死，只有死是不死的。

柏拉图是苏格拉底的学生，他这样问：知识是从哪来的？

柏拉图认为，知识来自回忆。我们每个人都有自己的前生，而我们先天所具有的知识能力，与我们的记忆能力是联系在一起的。我们之所以能把抽象的几何知识教给一个能力很低的奴隶，是因为这些知识本是他心里有的。换言之知识不是学来的，是记起来的，是回忆起来的，是悟出来的，因为在人的脑海里原本就蕴含着心智。如果心里没有，你不可能教给他。这种先验的知识，是他通过回忆想起来的。好比说我们进行不忘初心教育，前提是他得有这个心，如果他连心都没有，怎么教育都没用。用柏拉图的说法就是，你原本就有这个心，知识不过是回忆起你原来所具有的东西。只要给予启发，你就懂了。这与中国的"心学"有相通的地方。

据此，《理想国》推演出一种政治学，即治理城邦的办法，那就是通过治理灵魂，通过治理思想，来领导城邦。

我们讲过，希腊的城邦比我们春秋战国的任何国家都小，它不构成我们今天理解的国家，其实就是比部落层面稍高的一个东西。城邦应该根据什么来治理？柏拉图的想法是，世界上的一切都会像身体一样腐朽，只有灵魂是不朽的，因此，只有思想的统治、知识的统治，才是真正、持久的统治。所以，如果把他的《理想国》概括成一句话，那就是——不朽的思想，是这个世界上最大的力量，也应该是统治城邦最持久、最可靠的力量。

"真理"在柏拉图的意义上是"理念"。我们的灵魂，面对的是理念。理念是什么？举个例子，我们可以感觉到这个桌子、这个杯子分别是长方形和圆形的。长方形与圆形，这就是理念，它们可不是现实的存在，而是我们头脑中的产物。桌子不过是对长方形的模仿，杯子是对圆形的模仿。那么艺术是什么？艺术是对桌子的模仿，桌子又是对理念的模仿，所以艺术是模仿的模仿。于是，在他眼里，艺术就变得很不重要了。他甚至主张，把艺术家从城邦里赶出去。我觉得柏拉图的影响，已经超出了我们后来所说的社会科学领域，进入到了自然科学的领域。希腊的自然哲学很早有一种想法，即认为世界是由我们看不见的原子构成的。还有一种想法认为，世界是由数、秩序构成的，原子、数的秩序，这起初是作为理念存在的。这些想法，在今天研究自然科学的人看来，几乎习以为常了。有种说法是科学思维的根源在于柏拉图，柏拉图的想法是——世界的本质是我们看不见的理念。你什么时候才最深刻地沉浸在理念当中呢？当你摆脱感性和身体束缚的时候才能做到。

这本书，你们可以回去翻翻，其中有一些非常有趣的看法。

我如果是仔仔细细、一步一步把它说出来，这学期也讲不完，而且那样办，就影响你们自己阅读的快感。不过，有我说的这些，你们就很容易去看懂它。

为什么一个社会需要思想？为什么思想的统治是最大的统治？简而言之，什么叫领导？

领导就是能够透过现象看到本质的人。思想的特点是能够透过现象看到问题的本质。透过现象看本质这个话是哪来的呢？是柏拉图那里来的。这个本质是理念；灵魂是本质，身体是现象。真正的领导力，就是透过现象看本质的能力，是对思想和灵魂的领导。早在欧洲文明的起源地希腊，就产生了这样一种想法：一群人可以被思想所领导。这群人里最厉害的是领导人，是"灵魂里有黄金"的人。领导人的厉害之处在于他的思想，所以，领导人应该是哲学家、思想家。这套想法，其他文明里恐怕没有；即使有，也可能是从柏拉图这来的。

反过来说，你就认为身体这么不重要，感性这么不重要吗？柏拉图之后，当然有很多理论对此进行质疑和批评，但是，最终却都落到它的限制、陷阱里。"反身体"——这是思想、知识与文明发展的前提条件，起码是西方文明发展的一个前提。

这个话怎么理解呢？比如马尔萨斯的《人口原理》，后面也会讲到。我们的一任校长马寅初先生就是专门研究这个东西的。这本书的核心就是讲人口、生育对经济发展、社会发展有什么影响。生育、人口，这个问题当然对我们在座的人都有影响，大家很多都是独生子女，而且读书越多，就越不愿意或者没有热情、动力和条件生育。这个问题其实也与形而上学有关。为什么会这样？人口与生育有关，生育与身体和欲望有关。马尔萨斯说，身体和欲望问题，可以归结为人的两种快乐。一种快乐是情欲的快乐。这种情欲的快乐，如果不加节制，造成人口膨胀，就将毁灭人类。还有一种快乐是理性的快乐。所谓理性的快乐，就是每天下午做做作业，晚上算算账，算算绩点，今天学了多少东西，赚了多少钱，积攒了多少绩点，这就是社会发展的动力。因此，节制人口，在很大程度上就是节制你的欲望。又比如说，马克斯·韦伯的理论，他认为西方文明中有强烈的节制自己欲望的力量，这个力量是推动资本积累的主要原因。

今天在座的北大学生，进入学校的第一课，就是让你们军训走正步。这似乎跟学习没多少关系，但它是一种净化自我的方式，是一种节制自我的方式，目的就是让你们不要分散精力，专注再专注。我自从读研开始，我的导师就像规训和尚一样告诉我："板凳要坐十年冷，文章不写一句空。"坐冷板凳的功夫，就是净化，这个就是柏拉图主义，就是说千万不要分散精力，要专注于本质的东西，而这是进入知识和真理世界的必由之路。西方很多大学为什么建立在墓园旁边呢？意思是：当你进入知识和真理世界的时候，你已经"死"了一次，跟身体告别过一次了。在他们看来，哲学是对死亡的思考。

自卢梭以来，一直到福柯，西方许多"造反"的学者都反复指出：柏拉图的这个说法真"反动"，特别不适合年轻人，尤其不适合今天欲望很多、吃喝玩乐、精力完全不集中的年轻人。因此，西方的大学，绝没有你们想象的那么快乐，起码，没有这么多好吃的，没有我们这么好的食堂，而且你们还四处点外卖。在普林斯顿这样的大学里，娱乐很少。西方的大学里有许多我们韦神这样的人，他们完全沉浸在理论的世界里，身体和生活的欲望很低很低。所以，许多中国留学生说，类似康奈尔大学、普林斯顿大学这样的地方，是"好山好水好寂寞"，热爱俗世生活的青年，在那里很难待得住。

希腊的思维是很怪异的：你为什么要把世界想象成原子、数字？但正由于想着这些，才想出了量子力学，最后想出了原子弹。如果你去看看《奥本海默》，你就会知道西方的知识体系和中国的知识体系有什么不同。这就是柏拉图《斐多篇》开头给我们的惊讶，我第一次读它的时候，就觉得很惊讶。苏格拉底一开始就说，我不怕死，我只有丢弃身体之后才能"开天眼"，"开天眼"之后，我才能看清理念。你们看到的是桌子，而我看到的是长方形；你们看到的是感性的世界，而我看到的是原子。这不是"邪教"吗？如果把炼金术、化学之类的这些东西，放在我们儒家的知识体系里，那就跟邪教差不多。

后来，柏拉图的形而上学受到欧洲后现代思想的不断批评。这就是中文系的参考书中教给大家的后现代——热爱你的身体，热爱你的欲望，喝酒吧，分神吧，出去享受生活吧，去反抗权力和思想的规训吧。其实，这个"解放身体"的知识我们不用从西方学，中国历史上原本没有西方的禁欲主义传统。但西方传统，恰恰是从这个十分另类的东西开始，比如你进大学了，从今天开始，必须经过坟地一次，就再也不要去分神了，从此要完全专注于一个你看不见的世界。

我年轻时读柏拉图的书，甚至认为他是在宣传邪教。后来，我在美国教书的时候，恍然之际，感觉置身于一群"知识疯子"之中。就是说，他们每天端着咖啡在那讨论的，都是看不见的东西。为什么要给他们创造那种环境，用数学去描述，用实验去激发一个理念的世界？今天非常可笑的是，我们以为非升即走制度，就是西方大学的理念；如果这就是西方大学的理念，它绝不可能产生出我们今天所谓的西方文明。西方文明从柏拉图的理念中走来，理念这个东西，又与后来基督教的"灵魂得救"有密切的联系。希腊的传统和希伯来的传统是有联系的，就是对于灵魂不死的思考和关于真理不死的思考，以及灵魂的统治和身体的统治。我们下面会讲，关于信贷资本的构想，为什么既是形而上学的，也与宗教的改革有关。

现在你们只要记住并考虑：西方的政治，在希腊时代，是与哲学挂钩的，这是一种思想的政治，它是从形而上学开始的。

西方哲学社会科学的特征是体系化，把希腊知识体系化的人是亚里士多德，正如把基督教体系化的是奥古斯丁——据说他整合了《圣经》。把资产阶级哲学体系化的人是黑格尔，第一个把马克思的思想体系化的人则是恩格斯。

读西方经典，要注意两个方面。西方哲学社会科学的每一部经典都是由当时的实际问题催生的，这是一个方面；同时，每一部经典都是在西方的知识体系里产生的，这是另外一个方面。马克思曾经说，困难的不是答案，而是问题。但是，对于抓住真正的问题的人来说，真正的困难，实际上在于怎样去面对和动摇既成的体系。

亚里士多德造成了西方知识的第一个体系。关于这个体系，我简单地讲几个方面。

一是数学与逻辑的结合，这就是所谓"西方理性主义传统"。

众所周知，毕达哥拉斯学派最为推崇数学，而柏拉图相信人的灵魂里有理性，可以认识理念，能理解数的性质。数学与逻辑的结合，这是西方理性主义的要害。从这个意义上说，基督教恐怕不能简单归之于迷信。与世界上的其他宗教不同，它不是简单地建立在启示及信仰的基础上，还建立在理性的基础上，建立在逻辑与数学的知识体系的基础上。上帝作为最高理念，是可以被数学和逻辑论证出来的，从这个意义上说，基督教的知识基础就是亚里士多德主义，这就是为什么，亚里士多德主义会成为经院哲学的思想基础，它是宗教与学院的结合。

重要的是：用数学和逻辑的方法去论证理念，这既是基督教论证上帝的方式，也是古典经济学论述"价值"的方式，当然，更是新古典经济学论述资本的方式。实际上，今天，高等数学之于金融的作用就是如此，以至于马克思认为，资产阶级经济学的基础是形而上学，经济学所采用的，就是数学、逻辑学和语言学相结合的论述方式。

二是结构的思想。

胡适当年曾经说,中国古典小说的最大毛病是没有结构,而西方文学的最大特点在于结构。胡适虽然有些肤浅,但这是很机灵的说法。毛主席有一个更深刻的讲结构的方法,就一个字——"纲",提纲挈领、纲举目张,这就把亚里士多德主义体系化的要害说明白了。林彪善于把毛泽东思想抽象为几个条条,这个本领是从亚里士多德那里学来的。

从结构的视野看,就有整体与局部。局部、个体是没有意义的,只有整体才是本质性的东西。亚里士多德说,人是合群的动物。这是什么意思?这个意思是说,人类只有作为一个整体来行动,其行动才是有意义的。人作为整体而进行的行动,这叫作城邦行动,或者政治行动。

在亚里士多德看来,物质世界的任何事物都是会死的,只有结构是可以转变的,只有结构本身是不死的。所以,看政治,要看政治结构,这个结构,就是所谓"体制"。"政治体制改革"的思想根源,就在亚里士多德的《政治学》。

从这个角度看西方的"古典性"与现代性的区别,我们立即可以看到,现代性突出个体而不是整体,这是很鲜明的区别。如果不了解亚里士多德体系,那就不会知道西方的现代性与古典性的区别，不了解结构主义、后结构主义针对的是什么。比如后结构主义认为，结构转变，但能量耗散，从这个角度说，列维-斯特劳斯的《忧郁的热带》的观点是：资本主义生产方式破坏了人类社会的有机结构，也瓦解了自然有机体。

三是圆的运动。

亚里士多德第一次论证了地球是圆的，他认为，圆就是圆满，圆满就是从起点回到起点，天体的运动归于圆的运动。

而现代西方对于运动的理解，最简单地说，那就是运动是直线，根据这种运动观，西方的历史是直线进步的，而其他文明的历史都走了弯路。黑格尔的斗争哲学是讲力量对立的辩证法，马克思的辩证法还要复杂一些，他的博士论文《德谟克利特的自然哲学和伊壁鸠鲁的自然哲学的差别》，讲的是两个对抗的力量，从而造成偏斜运动。而他的《路易·波拿巴的雾月十八日》则是讲阶级斗争造成的内耗、内卷，社会结构不是在阶级斗争中转变，而是在内耗、内卷里崩溃。

关于亚里士多德，我再讲两个问题。

一是关于数学与逻辑的论证方法。

马克思在《资本论》的开篇就提出了一个看似简单，其实惊世骇俗的问题：一夸特①小麦等于a英担②铁，这在逻辑上是怎么成立的？

小麦、铁，是完全不同的东西，它们怎么能等同呢？

答案一，它们在数学上可以等于；答案二，这个逻辑在交换中成立。但是，这其实是把逻辑上讲不通的问题，用经济学和数学来表达。而在马克思看来，真正使上述逻辑成立的原因不在数学，不在经济学的交换，而在形而上学。按照形而上学，小麦、铁里都蕴含着共同的"理念"。古典经济学无非只是进一步说明这个理念就是"价值"，而用货币来表述价值，这就是用数学的方法来说明理念，与用高等数学来说明金融产品其实是一样的。

所以，《资本论》的开篇里，蕴含着对于亚里士多德体系的批判，通过这种批判，马克思指出：经济学的出发点不是现实，更不是现实的问题，而是理念，是用数学和逻辑的方法去论证理念，从而掩盖现实问题。

如果说，中世纪经院哲学的思想基础是亚里士多德主义，那么，经济学的基础与中世纪经院哲学的基础没有区别。马

---

① 夸特（quart）：英制容量单位，1夸特＝1/4加仑。
② 英担（hundredweight）：重量单位，1英担＝112磅。

克思所谓"政治经济学批判",批判的就是经济学的形而上学基础。

二是关于古希腊的辩证法,以及它的知识基础。

古希腊的辩证法就是三段论:论证、反证、发现诡辩和谬误的方式。这个辩证法是从论题出发的,是从理念出发的,当然不是从现实出发的。

那么,古希腊辩证法的知识基础是什么呢?其实是古埃及的天文学和几何学。

换句话说,古希腊辩证法的知识基础与其说是逻辑学,还不如说是数学;与其说是数学,还不如说是几何学;与其说是几何学,还不如说是来自埃及的天文学——托勒密的天文学体系。

这个体系的核心是:天是不变的,只有人间是变的;天是永恒的,只有人间是有生死的。这当然不是瞎想出来的,而是通过观天象总结出来的。几何学是在埃及天文学与希腊建筑学里发展出来的,它与中国墨家思想的起源十分相近。

构成亚里士多德体系基础的著作是《天论》。"天不变,道亦不变"——无论古埃及、古希腊、基督教还是中国的历代王朝,他们的统治基础,其实就建立在这么简单的道理之上。

当然,《天论》这种著作中国古代也有,唐代的柳宗元、刘禹锡、韩愈,曾经围绕"天道"与"人道"之间的关系进行过争论。毛泽东很重视这个争论,但是,这个争论在鸦片战争之前,从来没有解决。

而西方解决了这个问题,在解决这个问题的过程中,西方把伟大的亚里士多德体系顺便给解决了。

在17世纪初的西方,那个建立在古代天文学之上的伟大的宇宙体系——亚里士多德体系,却因为一个似乎偶然的原因,几乎是瞬间就完蛋了。

西方现代性的故事开始于1608年,那时,中国的明朝快要完蛋了。就在那一年,在欧洲,一个荷兰的眼镜商人偶然发现,有的镜片能够看到远处肉眼看不到的东西。第二年,这个消息就让一个意大利人伽利略知道了,后来的故事大家都知道。伽利略非常高兴,就磨起镜片来,他把磨出来的镜片配成一对,放到一个圆筒里,于是,他发明了望远镜。

当时的教皇就在罗马,他起初还以为这个发明很有趣,但随后就发现,这个发明打翻了整个亚里士多德体系,动摇了教会的全部知识体系。因为伽利略通过望远镜一看,无比震惊地发现:群星在运动,天体在生成与毁灭,太阳里面有黑子。简而言之，这就是天是变的，不但地上的东西不是永恒的，天上的东西也不是永恒的。

因为望远镜的发明，对于全世界的统治阶级来说，不仅是变天了，而那就是"天塌了"。过去，宇宙是一个稳定的体系，天国是黄金的世界；而今，整个宇宙都是一个在不断生成、瓦解、变化的体系，天国并不存在。

从此，运动和变化，就代替了圆满、稳定的理念。现代性产生了，竟然就是因为一个小小的玻璃，以至于有人这样问：在望远镜之后，"体系"本身还有可能吗？

中华文明与西方文明的差异，从这个意义上说，纯属偶然。

中国比西方更早、更成熟地掌握了高温冶炼技术，区别不过在于，中国由烧陶，走向了烧陶瓷，而西方由烧陶，走向了烧玻璃。西方人搞不了大规模陶瓷技术，因为陶瓷需要非常特殊的黏土。中国人当然能烧玻璃，陶瓷冶炼技术远比烧玻璃复杂，但是，因为中国人擅长陶瓷，所以就一直琢磨怎样烧陶瓷。

玻璃比起陶瓷有一个简单优势，那就是透明，因为玻璃的生产，西方产生了镜像技术，从而看到了中国人看不到的微观与宏观世界。

千百年来，中国人不敢说天变，更不敢变天，这不是因为胆子小，而是因为没有证据，缺乏天体运动的有力证据。中国没有产生伽利略，不是因为中国人不聪明，而是因为把聪明都用在了陶瓷，而不是玻璃上。

早在大明王朝后期，西方人就开始认识到，所谓"天不变，道亦不变"这句话是错误的，这是通过望远镜的观察。他们从此认识到，没有观察，没有调查，仅从理念出发，那种辩证法体系是不能成立的。

现代性因为正视现实而产生，在现代性的视野里，整个宇宙都是运动的，人类社会也是如此。而运动不是圆满，即不是一切运动都终将归于圆的运动，恰恰相反，运动采用力量对立与冲突的形式，因此，矛盾是绝对的，平衡是相对的，多种力量的冲突导致运动，而其结果是哪一种力量都无法预设的。理念不是检验真理的标准，实践才是检验真理的标准。当毛泽东写作《矛盾论》和《实践论》时，他既是在彻底批判亚里士多德的体系，也是在含蓄地嘲笑斯大林体系里的亚里士多德阴影。

我们下面会讲到：现代政治——法治，不过是妥协的政治，法治是在各种力量冲突中达到妥协的一种结果。过去，亚里士多德说，力量塑造不同的结构，从而造成政治体制的转变，但马克思、毛泽东和列维-斯特劳斯认为，妥协的政治——法治的一个结果是：能量和力量的内卷与耗散。用热力学的第二定理来说，那仿佛是煤的燃烧，从一个有能量的结构，转变为没有能量的结构，而且他们倾向于认为，资本主义结构，就是这样一个能量耗散的结构。

下面，我们通过洛克的《政府论》，讲西方社会的一个决定性转变，即由统治向法治的转变。这是欧洲的一个重要转变，其中很重要的是政治与统治的关系。

在此之前，虽然欧洲有某种奇思异想，包括欧洲社会产生了两大遗产——我们称之为"两希"：一个是上述希腊的遗产，主要是关于理性、哲学、政治的思想；一个是希伯来的遗产，从犹太教发展到基督教的遗产。大家可以通过波兰作家亨利·显克微支的《你往何处去》看基督教在罗马的兴起，这是一部伟大的作品。

但是，在16世纪之前，西方社会看不出来有什么优势。欧洲最暖和的地方相当于中国的辽宁。欧洲很冷，再加上低地，这就决定了在农耕时代，欧洲是不可能出头的。

16世纪是一个很重要的转折，这一转折可以视为从大航海、宗教革命到英国光荣革命这样一个近两百年的过程。英国的光荣革命是欧洲政治转变的标志，那时，中国已经是清朝了。

大家知道，英国光荣革命的直接起因，是英王詹姆斯二世主张宗教宽容。所谓主张宗教宽容，就是他主张天主教徒也可以担任公职，这就导致了英国国教（圣公会教）分子的群起抗争，认为他这是在倒行逆施搞复辟，结果是国王被推翻。问题是：为什么在英国宗教如此不宽容？为什么天主教徒在英国就不能担任公职？为什么英国就不能有一个信仰天主教的国王？这里的起因又是亨利八世开启的英国宗教革命。

亨利八世生于1491年，也就是哥伦布航海的前一年，哥伦布航海的资金，就是英国支持的。1527年，亨利八世要与西班牙公主凯瑟琳闹离婚（凯瑟琳原本是亨利八世的嫂子，这门婚姻纯粹是宗教联姻），但天主教会不同意，因此亨利八世很有脾气，他就自立圣公会教，与天主教会分庭抗礼。他还杀了拥护天主教会的大法官托马斯·莫尔（《乌托邦》的作者），没收教会土地财产，壮大英国海军，开始了英国的第一次"脱欧"。这次事件，导致了欧洲长期的宗教冲突与宗教战争，而长期宗教战争的起因，竟然是国王闹离婚，这件事绝不会发生在中国。在咱们的历史上，哪个皇帝想离婚，会发动宗教革命、宗教战争？

到了1688年，在围绕宗教问题打了近两百年之后，英国才以妥协的方式，解决了天主教、圣公会教、清教之间漫长的冲突，这被称为光荣革命。血雨腥风杀了近两百年，终于搞明白了一件事，竟然说这很光荣，听起来确实有点讽刺。而洛克的《政府论》二篇，便是于1689年到1690年相继写出并出版的。他的基本精神在于，为1688年刚刚结束的光荣革命进行辩护。

该书的中文版翻译很有意思，因为这本书是从下篇开始翻译的。而且把序言放在下篇，其实上篇是非常重要的，写得很妙趣横生。第一章叫作《论奴隶制与自然的自由》。我们知道，奴隶制是"两希"文明的基础，没有奴隶制，"两希"文明是不能存在的。亚里士多德、柏拉图的一系列理论，都建立在奴隶制基础上。存在漫长的奴隶制，这是欧洲的特点。

而洛克著作开头的第一章就批判奴隶制。他说，我们这个时代，除了英国，恐怕很难再找到根深蒂固的奴隶制思想了。君权神授的基础是什么？就是奴隶制思想。接下来，他从《圣经》出发，站在这个道德制高点上，抨击奴隶制，提出了四个重要观点：一、《圣经》告诉我们，上帝没有给任何人以统治权，《圣经》告诉我们，没有任何人有统治他人的权力，在上帝面前，人自然自由；二、上帝没有给任何人统治权，充其量只给了人所有权，所有权不是支配他人的权力，因此所有权不是统治权；

三、所有权不是统治权，因为它只是一份契约，契约建立在彼此同意的基础上，契约不是强买强卖，有一方不同意，契约则不成立；四、契约的前提是最弱一方的利益最大化，那就是保全生命和其最珍贵之物。

这又可以归结为两句话：以《圣经》的名义，统治权是不存在的，所有权是相对的。

他说：

> 纵使有人那样地滥用上帝以其慷慨之手赐予他的祝福，纵使有人残酷不仁达到那样的极点，这一切仍不能证明土地的所有权，即使在这个实例中，能给人以支配别人人身的权力，而只有契约才可以给人以这种权力。因为富裕所有者的威权和穷困乞丐的从属地位，并不是起源于主人的所有权，而是起源于穷人在宁愿做主人的臣仆而不想挨饿的情况下所表示的同意。他像这样对之表示服从的那个人，只能在不超过他在契约中所同意的限度内对他拥有权力，其根据是这样：一个人在物资奇缺时拥有丰富的积储、口袋里有钱、在海上坐着船、能够泅水，等等，都可以像作为全世界一切土地的所有者一样，成为支配和统治

权的基础,因为这许多条件中的任何一个条件都足以使我拯救另一个人的生命,而只要我不肯给予他这种救助,他就会死亡。根据这条规则,只要任何东西,能因满足别人保全其生命或保全他视为珍贵之物的需要而成为一个条件,使他不惜以其自由作为代价来进行交换者,便都可以成为主权和所有权的基础。由上述的一切,我们明白,纵使上帝曾给予亚当以个人统治权,这种个人统治权也不能给予他以主权。但是我们已经充分证明:上帝并没有给予他以这种个人统治权。①

上帝赋予你的是所有权,没赋予你统治权,那么,在何等情况下,人才能接受他人支配呢?洛克说,你处在这样的境地——你迫切地需要维持生命的东西。为了维持生命,你不得不劳动,甘愿给人当服务员,你签订了契约,是自愿的。所以,支配权只能建立在所有权基础上,这就是资产阶级所有权的一个强有力的证明。

同时,以《圣经》的名义,洛克还是个女权主义者。人们

---

① [英]洛克《政府论》上篇,瞿菊农、叶启芳译,商务印书馆出版,1982年,第35页。

说君权神授,这是因为上帝让亚当统治世界,统治他的子孙后代,而洛克立即提出了疑问,难道《圣经》里有这句话吗?他说,《圣经》里根本没这句话。再说了,如果没有夏娃,亚当哪来的子孙?他于是又来了一些惊世骇俗的话:

> 假如我们的女王玛丽或伊丽莎白和她们的任何一个臣民结婚,根据这段《圣经》,她们在政治上就应从属于他,或者他因此就对她享有"君主的统治权"吗?依我看上帝在这段经文中并没有给予亚当以对夏娃的威权,也没有给予男子以对其妻的威权,而只是预言女人可能遭受的命运,即依照上帝的意旨他想要作出规定,使她必须服从于她的丈夫。①

这显然是为英国女王说话。如果说亚当统治,夏娃和孩子必须受他统治,那英国现在究竟是女王还是她的丈夫统治?难道女王的丈夫可以统治女王吗?

他认为,父亲因为生了孩子就对孩子有恩情这个说法,纯

---

① [英]洛克《政府论》上篇,瞿菊农、叶启芳译,商务印书馆出版,1982年,第39页。

粹属于胡扯：

> 当生儿育女的时候，在一千个父亲中，有哪一个除了满足他当时欲望外还有什么更长远的思想呢？上帝以他的无限智慧，把强烈的性交欲望安置到人类的体质之中，以此来绵延人的族类，而人类这样做时却大都并没有这项意图，而且生育儿女还往往是与生育者的愿望相违反的。诚然，愿意并计划要有儿女的人们只是儿女的存在的偶因，他们在设计和希望儿女时，对于儿女的创造所做的事情一点也不多于希腊神话中雕卡力昂和他的妻子向后抛掷石子来创造人类所费的力气。①

这可是很极端的话，这么一看，咱们中国的政治就大不一样。洛克这种观点，不但是统治者接受不了，一般的中国老百姓也接受不了，这比柏拉图还难以使人接受，所以，中国和西方的知识真很不一样。

看看洛克都主张些什么吧：你凭什么建立统治？一切权力

---

① [英]洛克《政府论》上篇，瞿菊农、叶启芳译，商务印书馆出版，1982年，第45页。

都是临时的，如果你不给我面包吃，我凭什么让你统治我？即使我爹不给我面包吃，他也不能随便支配我。他甚至说，我爹生我的时候是为了他自己快活，他哪想到给我什么恩情——他的理论就是这样的。要在我们看来，世上哪有这么不孝的儿子。我们五四运动再怎么着叛逆，也没叛逆到他这个地步。

下篇，就充满更加有趣的东西了。

既然权力支配的基础是所有权，那么，所谓所有权，对于被支配者来说，那就是"幸福感与获得感"。这句话可以概括为毛主席的一句话："手里没把米，唤鸡都不来。"我们如果不给老百姓好处，他凭什么跟你走？如果你天天让老百姓饿肚子，光靠启发老百姓的觉悟，那正如邓小平所说，这个对于少数有觉悟的人可以，但对大多数老百姓不行，这么办是成不了事的。简单一句话，让人民过好日子，人民才能拥护你。

因此，政府和人民的关系，绝不同于父母对儿女的关系、主人对奴仆的关系、丈夫对妻子的关系，它不是一个天经地义的支配关系，更不是什么主奴关系。它是一种契约关系，契约，必须双方同意，你指使我，那得给我好处，甚至给好处就干，不给就不干。对被支配者没好处的契约，自然就终止了。

讲到所有权，也不是说世界是你的，世界归你所有，完全不是这样，因为《圣经》说所有权属于大家，不属于某个人。山川河流、自然空气这些东西，都是大家的，如果你把空气装罐里再卖给大家，这就是亵渎上帝。

讲到所有权，这仅仅是说你的人身是属于你的，而所谓人身，就包括你人身的活动。"他的身体所从事的劳动和他的双手所进行的工作，我们可以说，是正当地属于他的。"[1] 就是这句话，提出了劳动价值论——所有权是劳动创造的。洛克说：

> 每人对他自己的人身享有一种所有权，除他以外任何人都没有这种权利。他的身体所从事的劳动和他的双手所进行的工作，我们可以说，是正当地属于他的。所以只要他使任何东西脱离自然所提供的和那个东西所处的状态，他就已经掺进他的劳动，在这上面参加他自己所有的某些东西，因而使它成为他的财产。既然是由他来使这件东西脱离自然所安排给它的一般状态，那么在这上面就由他的劳动加上了一些东西，从而排斥了其他人的共同权利。因为，既然劳动是劳动者的无可争议的所有物，那么对于这

---

[1] [英]洛克《政府论》下篇，叶启芳、瞿菊农译，商务印书馆出版，1964年，第19页。

一有所增益的东西,除他以外就没有人能够享有权利,至少在还留有足够的同样好的东西给其他人所共有的情况下,事情就是如此。①

这块地,谁把它开垦出来了,谁付出劳动了,那就是属于他的。这树上有很多香蕉,一般的人就等着掉下来,但如果有人爬上去,香蕉摘下来了,摘下来的就是他的,因为他付出劳动了。当然,这又带来一个问题,摘了太多香蕉,烂了怎么办?我拿香蕉来换你的贝壳,所以价值规律、交换规律就产生了。经济学就在这个里头产生出来了。

那么,统治与政治的关系是什么?政治从何而来?亚里士多德告诉我们,人是政治动物,人是合群动物。但关键在于什么是政治?

柏拉图告诉我们说,政治是那些用脑的人的专业。政治工作是揭示规律性的东西,政治是思考抽象的东西。孟子也说,"劳心者治人,劳力者治于人"。但毛主席很不赞成孟子,他老人家说,如果那些领导什么也不干,天天写报告、念文件,这帮家伙根本不劳动,也不接触劳动人民,他咋当领导?

---

① [英]洛克《政府论》下篇,叶启芳、瞿菊农译,商务印书馆出版,1964年,第19页。

历史上的统治者都说，政治家他用脑子、灵魂在思考、在工作。柏拉图不是说了吗，领导是灵魂里有黄金的人。你们这帮劳动人民，是灵魂里只有泥土的人，不会用脑子，只会用手，应该被支配。

当然，马克思说，这不行，这不是政治，这只是统治阶级的政治。

马克思的想法很超前，他说，这种脑力劳动的政治，总有一天会走歪道的。马克思在《政治经济学批判（1847—1848年手稿）》中说，人脑总有一天，会对象化为机器，机器计算的速度特别快。人脑，领导阶级的人脑，再牛也牛不过机器。最后的结果是，机器把领导也给领导了，资产阶级政治是瞎忙一场空。

你以为脑子好就是领导？你脑子好，机器人比你脑子还好，高科技时代，靠领导的脑子没用了。马克思这篇文章，我们后面会讲到。

其实，到了洛克这里，统治就不再是古希腊那种政治，古希腊的政治是指靠思想进行统治，如今的政治实质上就是契约。契约建立在同意的基础上，建立在同意基础上的政治，就是黑格尔所谓"承认的政治"，这个我们后面也会讲。

在这个基础上,政治的意义已经发生了变化,政治已不是高高在上的政治了,政府必须与人民签订契约。这个契约是什么呢?就是保证我们的基本权利不受侵犯。这个契约就叫法律。而这样的社会,就是法治社会。洛克这本书发表之后,标志着法治代替了统治。

在法治社会里,统治权来自所有权。没有所有权就没有支配权,言下之意,你不给钱,你统治谁?说到底,就是这么个道理。干活必须发工资,没有所有权就没有统治权。所有权哪来呢?劳动来的。劳动创造价值,劳动创造财富,商品的价值就是劳动的价值,古典经济学的理论出发点都在这里。

洛克说,政治可以归结为一条,就是维护生命、财产,以及建立在此基础之上的自由神圣不可侵犯。政治的意义就在这些。我们为什么需要一个政府?需要政府的理由就是,维护财产、维护生命,建立资产阶级自由。洛克为什么提出这样的问题?因为当时欧洲的一切政府,特别是英国政府,连这个也做不到,那时候,欧洲最大的问题就是政府太坏了,欧洲的统治阶级太烂了。

所谓统治,就是合法的统治,只有把所有权建立在契约的基础上,才会有合法的统治,这样,强权统治与思想的政治,才能落实为法治。

既然统治、政治的最好方式是法治,那么,法治有什么特点呢?

法治的政治由立法、行政与司法组成。立法权是核心,但是立法权必须中立,而且立法人员要不断地换,总是一帮人是不行的。

第二个,行政权力必须在法治范围内运行,国王和地方贵族都必须守法,各级政府可以出政策,但是,各种土政策不能与国家法律相冲突,不能出现法律地方化的问题。

还有一部分是司法,司法是惩罚性的。法治社会为什么一定要有惩罚性? 法律一定要惩罚,没有惩罚性,就没有公正性。

洛克代表了西方社会的一个转变,简而言之,就是从统治到法治的一个转变。

我们总是说明朝不像话,但如果看当时的欧洲,那几乎会发现,明朝那些不像话的皇帝,比欧洲的统治者们要靠谱多了,比起欧洲不断的战乱,明朝那就是天朝了。欧洲产生出法治的思想,不是因为欧洲先进,而是因为欧洲太乱了,统治者太不像话了。这就好比康有为的《大同书》产生于清末,不是因为清末的中国太先进了,而是因为那时的中国太不像话了。这就是所谓"大道废，有仁义""国家昏乱有忠臣"的历史讽刺吧。

正是欧洲的全面动乱，方才使得洛克充分认识到：最好的政治形式是法治，如果没有法治，政治就会成为赤裸裸的统治。统治只能通过暴力和强制来实现，而最高的强制性暴力就是战争，战争的逻辑是零和博弈，胜者为王，赢家通吃，这里没有规则与公平可言。

如果说16—17世纪欧洲的主题是宗教动乱，18—19世纪欧洲的主题就是资本与战争。揭示19世纪欧洲主题的著作首先是《战争论》，作者克劳塞维茨，是普鲁士军官，在拿破仑战争后被俘，被释放后参加了俄国军队。他对法国和欧洲各国的军事理论都有所研究，后来回到普鲁士军中，参加了滑铁卢战役。

克劳塞维茨既是思想家、学者，也是军事家、战略家。这种人是在欧洲骑士文化中产生出来的，中国的士大夫文明很难产生这样的人，如果说有一个，那就算是王阳明。曾国藩固然是军事家，但他没有思想；魏源、严复有军事思想，但没有亲身参战。关于战争，克劳塞维茨突出讲了三点：一、战争是最高的政治，起码对西方来说如此，战争的统帅必须是政治家；二、战争是一所大学校，伟大的统帅必须是伟大教员；三、战争是艺术，艺术的核心是命运，伟大统帅身上体现了人类的命运。

他从另外一个角度定义了政治，政治就是权力的游戏，就是权术与权变，权力游戏的最高形式是战争，战争是权术与权变的集大成。但是，在战争中，尤其突出了权力的一个特点，那就是战争始终是在变化的，权术永远跟不上变化。因此，对政治的思考，离不开对战争的思考；对战争的思考，离不开对人类命运的思考。

权力与命运，这是思考政治的另外一个维度，做出这种思考的人，叫克劳塞维茨。

下面，我再讲一讲克劳塞维茨的《战争论》，这本书是克劳塞维茨去世后，他的遗孀整理出版的，那是1832年，距离鸦片战争只有八年。与之媲美的著作是魏源的《圣武记》，出版于鸦片战争后两年。

我们怎么思考西方传统？从思想出发，从法治出发，从经济出发，当然都可以，但最根本上说，必须从战争出发。这是韦伯曾经指出的，他说，中华文明与西方文明的根本不同在于，一个是由文弱的士大夫领导的，一个是由武士领导的，如果有宗教，中国的儒教是和平的宗教，而西方的宗教是战争的宗教。如果进行这样的比较，那么，我们可以看到中华文明的变化：

宋代之前，中国的知识是围绕着五经建立起来的，五经中当然有军事的内容；宋代之后，中国的知识是围绕着理学建立起来的，理学里没有战争的内容。钱基博认为曾国藩是以理学治军，这只是一种说法，真正能用思想来治军打仗的人是毛泽东。晚清以来，中国的思想逐步从理学回到了经学，秦汉唐以来关于战争的思想重新被发掘出来，最典型的代表是魏源的著作。

中国对于西方的全面认识，是从"救亡"开始的，是从鸦片战争以来一系列军事失败开始的。我们把西方理解为现代的，而自己是落后的，这首先也是从军事落后的角度来理解的。

上世纪80年代以来，有一种观点把西方文明概括为现代性，现代化只是现代性的一个结果，西方的现代性是"普世价值"，只有全盘接受西方现代性，才能真正搞好现代化。根据这种观点，中国要做的是启蒙，即学习西方现代性。也是根据这种观点，有人认为中国学习现代性的过程被两次打断，一次是五四时期，"救亡压倒启蒙"，遂有中国共产党的诞生；一次是改革开放以来，以中国社会主义现代化的名义，拒绝走西方资本主义道路。上述观点是完全错误的。

我们这门课要告诉大家的是：

从地中海开始的西方文明，自16世纪起，逐渐形成了一个

向全世界扩张的世界资本主义体系。之所以称之为体系,是因为它有三个特点:

第一,它划分出世界的中心和外围。

第二,它有周期性的经济波动。

第三,它会采取某种强力形式,今天叫霸权主义、单边主义,过去,我们抽象地把它称为"现代化"或者"西方现代化"。

16世纪以来,西方文明(或者西方式现代化)造就的世界体系,之所以在世界历史中占据着霸权式的地位,主要由于后两个特征,一个是资本方面的,一个是战争方面的。资本和战争的能力,依然是今天西方主导全球化的主要能力,其典型先是英国,然后就是美国。正是这两个力量,为西方哲学社会科学的大放异彩提供了一个历史契机。

"强力使人畏惧、使人臣服、使人信服",严复指出,中国之所以要了解学习西方,并不是因为其文明,而是因为其富强。尽管魏源隐晦地指出,西方之富强,是"不王道"、不文明之富强,而这种强力,被近代以来的中国人归结为"西方式现代化"的力量。

本杰明·史华兹在《寻求富强:严复与西方》一书中认为,上述严复和近代中国人,他们对于西方和英国的理解如果不是偏狭的，就是出于自己立场的误解、误读。因为他们都是从"救亡"的立场出发，把西方文明归结为现代化的"富强"，从而没有真正理解西方文明的真谛，没有了解西方文明的"纯粹性""独特性""多元性"。在我看来，史华兹的立场，恰恰是"不识庐山真面目，只缘身在此山中"，而严复这些人正是因为站在西方之外，才能更为透彻地看到西方文明的本质。试想，西方的强势下，今天的这个世界，谁有工夫去读阿拉伯和印度的东西呢？所谓西方文明的影响力，这首先是由于它的强势造成的，而这种强势是在16世纪后才爆发出来的。

在西方哲学社会科学发展进程中，洛克的《政府论》当然是一个很重要的转变，它是17世纪的作品，经过漫长的阶段才形成了它的经典地位。但是，在当年，洛克四处流亡，根本不敢发表这个作品，因为正如这书的批判者所说，其中讲的都是权术，都是阴谋诡计，根本不是什么哲学社会科学，就如同斯密一样。斯密临终前把他的遗稿都付之一炬，因为当时的人们认为其中都是权术，没有什么正大光明的知识。

其实，在我们前边的讲述中，西方社会在古希腊时代就形成了它的政治特点，这个特点是政治与权术。柏拉图和亚里士多德其实都在讨论权术，或者说权力支配这个问题，特别是亚里士多德，在《政治学》里很清楚地在讨论权术问题。

在与西方人打交道的过程中，我的一个深刻的理解，西方人，特别是英国人，是最讲权术的。我甚至以为，我们读西方哲学社会科学，一定要把权术放在头里。

那么，什么是权，什么是术？

早在洋务运动发生期间，恭亲王奕訢与大学士倭仁，曾经就举办同文馆、向西方学习等问题发生争论。这种争论背后当然有十分复杂也十分具体的原因，这里不能展开，而其中就包括什么是"数"与"数学"的争论。

当奕訢提出同文馆要学习数学的时候，倭仁提出的问题就是什么是"数"和"数学"。倭仁提出，在中国的传统里，在中华文明的语境里，"数"与"数学"包含三层意思：一是计算即算数，这是墨家以来都有的；二是"命数"的推演，这是《易经》到理学意义上的"数"，它最低层次上与"权变之术"有关；再就是"气数"即历史命运，这是根本意义上的数。但是，在倭仁看来，西方的学术中，只有第一种数，即计算与算数，而没有后两种数。

倭仁的提问是发人深省的。如果说西方有计算之术，有权变之术或者权术的话，那么，它缺乏对"命数"、命运的思考。

当然，当年的倭仁并不一定对西方的传统有整体的了解，他似乎没有看到，对于"命运""命数"即历史命运的思考，这是从希腊到黑格尔、马克思以来的重要传统。但是，起码是在倭仁的时代，西方已经不再思考这个问题了，为什么？因为西方已经坚信，它把握住了自己的命运，因此也把握了世界和人类的命运，这就是所谓"历史终结"的看法。

于是，在命运已经确定的前提下，一切问题都变成了计算的问题、政策的问题、技术的问题了。

这也就是马克思的特殊性，因为在马克思那里，西方的命运是不确定的，西方的命运与世界，甚至与中国的命运是联系在一起的——这就是他引用黑格尔"两极相联"规律的原因，他因此思考了人类共同体的命运。具体说，马克思不但思考了权力的合法性问题，而且认为权力都要经过巅峰而走向腐败和崩溃。资产阶级批判封建势力的僵化，但资产阶级本身不能拒绝变化的命运，他甚至认为资本主义的崩溃是不可避免的。

马克思之后的经济学与马克思的经济学相比，在政策方面更具针对性。如果把凯恩斯看作"马克思之后的马克思"，他的政策远比马克思更加温和、更具适应性。但从囊括整个西方哲学社会科学的一些重要传统而言，比如哲学的、政治的、人文的，恐怕没有人像马克思这样承前启后。他不一定是一个好的政策制定者，但毫无疑问是西方哲学社会科学的纽带。

这也就是克劳塞维茨的视角，克劳塞维茨提出了战争的目的是政治，政治的最高阶段是战争。同时，他又提出了一个非常重要的想法，就是战争是不确定的，决定战争的不是技术，而是命运，这样，他又把命运引入了政治。

《战争论》有一节叫"战争的摩擦"。我们这门课，起码将两次出现"摩擦"这个词，一个是新古典经济学讲摩擦性失业，就是待业；另一个就是战争的摩擦。战争的摩擦是指什么呢？在战争中，会有许多阻力，有的来自敌方，有的来自内部，它使战争不可预测。

双方开战之后，要完全实现自己的战略目标，其实是很难的。真正决定战争胜负的，绝对不是指挥所里披着大衣看地图的那些人。那个时候，拿破仑也不顶用了，他再骑着马冲到前线，也太晚了。因此，决定战争胜负、减少摩擦的办法是：前线每一个士兵的意志、胆量以及战士们知道为什么打仗。韩信说刘邦打仗方面，"不善将兵而善将将"，这是给刘邦讲的，他说自己虽然能管那么多兵，但还是被刘邦抓住了。

克劳塞维茨和毛泽东思想是相仿的，他们认为，作为战争的指挥者，最重要的在于：你不是要做一个统帅，而是要做一个教员。你要告诉每一个普通战士，为什么打仗。因此战士能发扬出上甘岭的气魄来，一个人、一杆枪都能坚持打到最后。

这是克劳塞维茨的方法。战争是推动西方民主和人类民主政治的真正动力，战争发生的时候，不可能从根本上依靠武器，今天谁也不敢用毁灭性武器。

其实，利用经济进行统治，这也是一种权术。从这个意义上说，经济学就是权术，因此，也是政治。一开始，经济学这门学科还主要是政治经济学。但自古典经济学和新古典经济学起，以及后来弗里德曼的新自由主义产生之后，它似乎以一种截然不同的形象登场，不是反对政治，就是淡化政府和政治。因此，西方经济学逐渐变成了一些政策的问题。一方面，我们几乎很难在政策层面，为西方经济学找到一致性；另一方面，经济政策是不断变化的，我们看凯恩斯、弗里德曼就会发现，他们在政策方面完全是两极的。萨缪尔森是对两者的综合，但是，我们一般不会把他们的学术著作与"权术"和权力支配挂钩。

今天我们做经济学研究，很大程度是被引向去求一个不稳定性的变量，尽管运用了复杂的数学方法。但是，为什么是数学？数学与权术有什么关系吗？

如果我们仅仅把经济手段理解为计算,那这是缺乏马克思的视野。这个视野,可以追溯到他对柏拉图形而上学的思考,可以追溯到他对亚里士多德政治学的思考,这个思考就是对权术的思考。《资本论》在很大程度上,是对古希腊政治学的一个颠倒的叙述。在亚里士多德的《政治学》中,经济的问题几乎等同于治理家庭的技术——家政(household management),马克思则相反,他认为经济本身是最大的政治,是政治的基础。

　　如果说,西方政治的底色是倭仁所谓"权术",那么,古希腊的辩证法的实质就是权变之术。

　　我们在讲古希腊的时候,特别强调亚里士多德提到的政治学的特点,最根本的指向是辩证法。福山在写《历史的终结及最后之人》的时候有一句话:"恩格斯认为辩证法是一种可以从黑格尔思想体系中分离出来的一种方法",把它仅仅变成了"一种形而上学的工具"。[1] 福山的说法是对的。因为恩格斯讲自然辩证法的时候,把辩证法视为自然科学的基础,显然忽视了辩证法的政治和社会起源。

　　我们说亚里士多德的政治学的核心是辩证法,在这里,辩

---

[1] [美]弗朗西斯·福山《历史的终结及最后之人》,黄胜强、许铭原译,社科文献出版社,2003年,第68页。

证法意味着在进攻与防御（战争视角）、兴盛与萧条（经济视角）中，在这些两极之间寻求平衡，在矛盾的对立中寻求转化。从这个意义上说，西方政治的传统，恰恰不是极端。即使我们今天把美国看作是极端霸权主义，但它的政治也绝不是极端的，面对强大的对手，它的办法是从内部去瓦解其团结，从外部去分化其联盟。如果美国的霸权主义政治是极端的话，就不会出基辛格了，更不用说它的政治制度本身带有通过权力的分散来实现"管控"的特点。

我们即便不能说，西方的政治传统是一种妥协的政治传统，但起码可以说，西方的政治传统是一个充满辩证法的政治传统。它绝不是要求一个零和博弈。我们今天说美国代表零和博弈，但其实不然。如果美国代表零和博弈，毛主席的话就不对了。基辛格问他是不是在学英语，毛主席说，是啊，在学类似"paper tiger"这样的东西。就是说——虽然是 tiger，但实际上是一个"paper tiger"。它做的样子，战争和经济的强势姿态是"tiger"，但是，它所追求的最高境界，还是尼克松所谓的"不战而胜"。

同时，马克思思考了经济的合法性，或者经济统治的合法性问题。在这里，他极大地发展了康德的思想——关于人的幸福和快乐，究竟是内在的，还是外在的？康德认为，物质与肉体的幸福和快乐是短暂的,只有心灵的、内在的幸福和快乐是长久的。这当然也影响了黑格尔,影响了他所谓对精神的追求。

马克斯·韦伯揭示了经济何以成为最大的支配权力,这种权力的合法性何在,而这些问题在马克思的思考中都具备了。他从人的满足的角度,重新思考亚当·斯密所说的劳动价值论,在多大程度上满足了人的幸福和快乐。劳动本身是很痛苦的,积累、禁欲、储蓄在多大程度上是一种心理的满足?在现代世界,满足总是指利润与利息的满足,这种满足是低级的满足,这种满足是永无尽头的,因此是不满足。"古代世界是从狭隘的观点来看的满足,而现代则不给予满足;换句话说,凡是现代表现为自我满足的地方,它就是鄙俗的。"①

国家的目的是财富,财富是最大的政治,这是亚里士多德和柏拉图所不知道的,这种转变是从经济学开始的,或者说是从洛克的《政府论》对政府的定义开始的,马克思说:

> 17世纪经济学家无形中是这样接受国民财富这个概念

---

① 《马克思恩格斯全集》第三十卷,人民出版社,1995年,第480页。

的，即认为财富的创造仅仅是为了国家，而国家的实力是与这种财富成比例的，而这种观念在18世纪的经济学家中还部分地保留着。这是一种还不自觉的伪善形式，通过这种形式，财富本身和财富的生产被宣布为现代国家的目的，而现代国家被看成只是生产财富的手段。[1]

这些问题，都是西方哲学社会科学的传统。当置于这个传统中时，特别鲜明的就是关于政治和经济的关系。过去的经济学叫政治经济学，现在已经没有这个说法了。那政治学是指什么呢？放在西方的立场上，是指政府吗？是指阶级斗争吗？是指采取专政和暴力手段吗？我想不是的。西方的政治传统，在今天表现为霸权主义，表现在经济和军事上的强大，但这恰恰不构成西方政治的底色。

西方的经济和战争都是政治性的。所谓政治性，就是指：战争和经济不是它的目的，而维持统治的平衡才是目的。这就要在矛盾当中"两害相权取其轻，两利相权取其重"，在矛盾对立当中寻找一个平衡。这是亚里士多德以来西方政治的传统。

---

[1] 《政治经济学批判导言》，《马克思恩格斯选集》第二卷，人民出版社，1995年，第62页。

因此，我们在西方哲学社会科学文献当中，可能找不到一个固定不变的政策。在凯恩斯和弗里德曼之间，你会看到天壤之别，他俩在政策方面的主张完全不一样。马克思这样的人，恰恰出在西方的思想体系当中，这一切似乎都说明它在政策上是没有连续性的。这就是习近平总书记指出的，西方的哲学社会科学文献，都是针对他们自身所面临的问题提出的，都是为了解决当时的问题提出的。

如果说，西方哲学社会科学有连续性，我觉得是它的政治传统，这个政治传统是辩证的。中国有阴阳学说，但没有辩证法，阴阳的学说是哲学，但不是政治哲学，辩证法从根本上说是政治哲学，是西方政治学的基础。我们在讲黑格尔的时候，讲到辩证法的核心。黑格尔说，人为了争取互相承认而进行斗争。所谓争取互相承认，就是"承认的政治"，当中就包含着攻防和妥协。

把经济理解为政治的问题，这绝不意味着在经济中增强政府的作用，又或是在经济中增强市场的作用。因为这两句话似乎是矛盾的。那么，它们在什么意义上是统一的？就是在政治中。根据政治的需要，我可以强调政府的作用；根据政治的需要，我也可以强调市场经济的作用。根据政治需要，我可以说美国是吃人的老虎；根据政治的需要，我也可以说中美关系源远流长。这些都是政治，这也恰恰是西方的政治传统。而这个传统，跟中国汉唐的传统是完全不一样的。因此，千万不能低估西方政治的灵活性和辩证性。如果那样，你就永远被甩在后面，不知道它为什么会这样。

这是一个开头，就是我们怎样在经济意义上讨论政治问题。克劳塞维茨认为战争的目的是政治，战争绝对不是为了毁灭对方，进而毁灭世界。二战临近结束的时候，美国绝对掌握了毁灭日本的能力。他扔一颗原子弹是扔，扔两颗原子弹也是扔，扔十颗跟一颗的结果是一样的。那为什么扔两颗就完事了？为什么美国恨透了天皇，还要保留天皇的地位？为什么要把日本重新扶植起来？这些原因，都不能从战争的角度来解释，而只能从政治角度来解释，这都是出于政治的考虑。战争的目的是政治，这是克劳塞维茨的视角。

西方哲学社会科学文献，都是针对他们自身所面临的问题提出的，都是为了解决当时的问题提出的。

第二篇 黑格尔

一 ——黑格尔的思想精要：自由意志、伦理实体

二 ——马克思对黑格尔的批判

三 ——黑格尔之于今日中国的意义

四 ——科耶夫对黑格尔的理解

第二篇

黑格尔

讨论西方哲学社会科学的转变,必须从黑格尔《法哲学原理》和马克思的《黑格尔法哲学批判》开始。

1818年,滑铁卢战争之后三年,黑格尔到柏林大学法学院任教,马克思就在这一年诞生。黑格尔在柏林大学讲了六次"自然法与国家学或法哲学",1821年,《法哲学原理》作为教材出版。这是黑格尔在柏林大学任教期间正式出版的唯一著作,他的许多重要的哲学演讲录,都是在他去世后,由学生们整理出版的。

1836年,即黑格尔去世后五年,马克思由波恩大学转入柏林大学法学院就读,在黑格尔的思想教育熏陶下完成了他的学业。马克思第一篇天才的著作,就是他的《黑格尔法哲学批判》,这篇文章的内容是分析、解读、批判他的老师和前院长的法哲学。

马克思的文章写于1843年，那时，黑格尔已经去世十二年了。对于中国的读者来说，马克思是从鸦片战争之后才开始发表著作的，那个时候，资本主义的英国已经开始形成一个世界霸权，我们所谓"数千年未有之大变局"已经开始。

马克思这篇文章的导言，成为《马克思恩格斯文集》第一卷的开篇。而《文集》第二篇文章是《论犹太人问题》，这也是一篇与青年黑格尔派讨论的文章。

《法哲学原理》分三部分：抽象法、道德、伦理，可谓简明、深刻、系统。

贺麟先生根据1921年德文版，将该书翻译为中文，1961年由商务印书馆出版。《法哲学原理》也是中央领导在哲学社会科学座谈会上的讲话中提到的十七本西方哲学社会科学经典著作之一。

《法哲学原理》既是中央领导同志讲过的著作，《黑格尔法哲学批判》又可以说是马克思主义的第一篇作品，可见其重要性。因此，对于全世界的马克思读者来说，如果不懂黑格尔，就不懂马克思在这篇文章中到底讲什么。如果不知道他的批判对象，那你也就不知道马克思主义是什么。

黑格尔太伟大了——这是马克思的话。黑格尔为什么这么伟大？马克思说，这是因为他提出了"劳动创造了人"这个命题，马克思说："他抓住了劳动的本质，把对象性的人、现实的因而是真正的人理解为人自己的劳动的结果。"[1] 黑格尔最革命的地方，在于他思想里所蕴含的两个命题：一、劳动创造人和人的世界；二、奴隶创造历史。那么，黑格尔为什么能够提出如此革命的思想呢？关键就在于他的辩证法。大家要知道，黑格尔的辩证法纯粹讲的是思想和思维的运动能力，这就是逻辑性与现象学。在黑格尔，思想的运动和思想的能力体现为两点：一个是对象化或者外化；一个是扬弃。这是什么意思呢？这是说：所谓思想，不是你坐在那里冥想，你的思想首先要转化为概念、范畴，转化为概念与范畴这样的物——当然，马克思说，黑格尔所说的物，其实就是指概念和范畴，是"物性"，所谓对象化或者外化、物化，其实就是把思想转变为概念与范畴。

那么，什么是扬弃呢？扬弃，简单地说就是透过现象看本质。外化、对象化是对思想行为的否定，扬弃是对否定之否定。

---

[1]《1844年经济学哲学手稿》，《马克思恩格斯文集》第一卷，人民出版社，2009年，第205页。

思想对象化、外化为概念、范畴，然后，概念通过自我批判的扬弃，从而形成本质性概念。这就是思想的辩证法，就是黑格尔逻辑性、现象学的主要内容。

通过辩证法，黑格尔把思想变成了思想的活动，这个活动，就是产生概念、批判与提纯概念的活动，这个活动，也就是最严格意义上的黑格尔式"劳动"。逻辑学与现象学，揭示的就是思想、思维活动——脑力劳动的法则与规律。

这么一来，我们就会很清楚地看到黑格尔辩证法的缺陷。第一个缺陷就是马克思所谓"黑格尔唯一知道并承认的劳动是抽象的精神的劳动"[1]。思想者与知识劳动最大的痛苦，就是写论文没有思路、没有逻辑。黑格尔所知道的最大的苦恼与疲乏的意识，就是写文章时想不清楚说不清楚的痛苦，是找不到合适的概念的茫然，其余的就没有了。

黑格尔辩证法的第二个缺陷：因为黑格尔知道的唯一的劳动就是思想活动，偏偏他唯一喜欢的就是思想活动，所以，他从来没有感到，这种劳动是被动的。即他从来没有感到过有人强迫他思想，强迫他进行思想这种劳动，他从来不知道，在这

---

[1] 《1844年经济学哲学手稿》，《马克思恩格斯文集》第一卷，人民出版社，2009年，第205页。

个世界上，大多数人为了吃饭生存的劳动都是被迫的——大多数生产性劳动就是如此。煤矿工人在黢黑的巷道里挥汗如雨或者瑟瑟发抖的时候，绝对体会不到黑格尔写《精神现象学》时那种自我解放、自我陶醉、自我欣赏的快感，因为他们的劳动不是主动的，而是被动的，甚至是被迫的，他们的劳动是自我反对、自我折磨、自我毁灭。

大家想想看，马克思究竟在什么地方发展了乃至逆转了黑格尔的辩证法呢？我认为，首先是通过对于"异化"的思考。对象化、外化、物化、扬弃，这些都是黑格尔辩证法的关键词，但只有"异化"，这是马克思对黑格尔辩证法的极大突破。

什么是"异化"呢？它包含两个层面的意思：一个是人的本质力量对象化——这是黑格尔的说法；另一个是人的本质力量对象化成一种自我反对、自我折磨、自我否定、自我毁灭的力量——这是马克思的发明。

人的本质力量对象化为思想，这就是知识；人的本质力量对象化为自然，这就是人工的自然；人的本质力量对象化为其类本质，这就是社会；人的本质力量对象化为人造物，这就是劳动。知识、自然、社会、劳动，这都是人的本质力量对象化的结果。

而马克思指出，真正的问题在于：这个对象化的结果，反过来成为压迫人的本质力量发挥的东西。最典型的是，劳动和劳动成果成为压迫、剥夺劳动者的东西，在劳动中，他们感到的不是解放与快乐，而是苦难、贫困与丧失。

在马克思看来，人的全部活动既是主动的，也是被动的，更重要的是：人的活动是一种不断反对自身的自我折磨的运动，这就是异化。这种人的自我折磨、自我对立，从根本上说，表现为资本与劳动的对立。

黑格尔的伟大，表现在他完成了西方哲学社会科学这个体系，所谓"完成了"，这就是说，黑格尔把人类的思想与精神活动上升或者贬低为"劳动"。于是，马克思这样总结说："因此，黑格尔的《现象学》及其最后成果——辩证法，作为推动原则和创造原则的否定性——的伟大之处首先在于，黑格尔把人的自我产生看做一个过程，把对象化看做非对象化，看做外化和这种外化的扬弃。"[1] 从而在这个意义上，他把一切人类活动归结为劳动。

马克思的异化理论，是从批判黑格尔辩证法里发展出来的，

---

[1] 《1844年经济学哲学手稿》，《马克思恩格斯文集》第一卷，人民出版社，2009年，第205页。

那么，他对我们有什么影响呢？举一个很著名的例子，那就是改革开放之初的"人道主义与异化问题"的讨论。它由马克思的翻译者朱光潜的文章发端，经过周扬，影响到李泽厚，其核心预设就是——人类进步与正义的运动中蕴含着一种自我反对的力量，无产阶级劳动人民的解放运动中，存在着一种自我反对的力量。当然，这是不是马克思的原意，我们可以商量。

黑格尔以劳动为核心，完成了唯心主义的辩证法，而如果谁要继续推进这个工作，那就要打破黑格尔的体系。这当然是一件非常困难的事情。历史证明，在黑格尔的体系上真正往前推进一步的人只有马克思，他打破了黑格尔的体系，得到了什么呢？得到的当然是马克思主义的发生。

马克思把黑格尔对现代世界的彻底的乐观——"历史终结论"粉碎了。马克思处理了黑格尔没有触及的资本主义问题，此后，没有人像马克思那样系统地处理黑格尔体系与资本主义体系之间的关系。在马克思之后，西方所有的思想，都可以看作是对资本主义危机的应对。面对资本主义危机，在西方哲学社会科学的视野里，由黑格尔所完成的那个体系——劳动价值论、市场经济、自由意志的伦理实体（自由国家）已经基本无效。简而言之，世界已经不是由劳动塑造的了，在黑格尔或者拿破仑之后,世界是由资本的扩张推动的。我们可以说,在"中国道路"出现之前,世界一直向着黑格尔预言相反的方向——资本主义的方向发展着,因此,只有"中国道路"能够真正回应马克思和黑格尔的问题,才能真正回应西方哲学社会科学的根本问题。

黑格尔完成了前资本主义的西方哲学社会科学体系,这也决定了黑格尔是很难读的,为什么呢?

因为这个体系的思辨性。黑格尔是个非常专门化的哲学家。哲学劳动,其实就是生产范畴、概念,他所有的问题都是在非常专门化的哲学系统里讨论的。他使用的是德国哲学的非常标准的语言,比如主体、精神、外化、物化、对象化、扬弃,等等,如果不了解这套语言体系,你就不知道黑格尔在讲什么。

比如说我们北大有个韦神,据说他上课没几个人听,韦神的办法是上来就是范畴的推演和推算,他的课只能用那套纯粹的数学语言来阐述。如果大家不了解这套数学语言,甚至就不知道他的目的是什么。黑格尔不然,黑格尔当然知道他的目的是什么,他的目的当然就是革命,但黑格尔把他一切最具革命精神的思想,全部采用最为专业化的德国哲学的语言来表达。所以,一方面他在方方面面都是最革命的,同时,另一方面也是最专业化的。我们难以想象，一个如此宣传革命观点的人，会采用如此晦涩的、专业化的语言来说明他的思想。

马克思在《资本论》的序言中讲到解除黑格尔辩证法的神秘性。他说，现在大家都把黑格尔当成"死狗"，可我还是把他当导师来对待。列宁也曾指出，熟稔黑格尔的赫尔岑深谙辩证法是"革命的代数学"，列宁这个说法是很深刻的。

马克思尤其讲到了黑格尔的辩证法，指出黑格尔的辩证法是对古希腊辩证法的发展。

马克思认为，黑格尔辩证法的贡献，一个是把思维归结为劳动，进而把一切人类活动归结为劳动；再一个就是历史，把人类活动归结为过程，这个过程，是反抗统治、追求自由的过程。因此，劳动与自由，这是隐藏在黑格尔那一大堆概念范畴后面最具革命性的东西。这些是黑格尔自己几乎都没有意识到的东西——这恰恰是马克思从黑格尔全部思想中扬弃出的两大精华。

伟大也要有人懂。黑格尔最大的幸运，就是有了马克思这样一位伟大的读者，正如马克思的幸运，就在于有毛泽东这样一位伟大的读者。

黑格尔的辩证法是对古希腊辩证法的发展。

在亚里士多德那里，古希腊的辩证法说到底不过是一个统治术。无论中国的古典学还是西方的古典学，其实都是讲"修身"，不同在于，希腊的修身是修成武士、战士，中国古代的修身是修成君子与文人。古典时代的修身，不是福柯后来讲的规训，规训是把大家培养成为俯首帖耳的现代群氓劳动力，古代的修身，核心是培养统治者，而不是被统治者。

培养统治者，关键就在于怎样在统治阶级中思考整体和部分，即怎样在统治集团内部正确地区分利益。特别是正确区分整体利益与局部利益，你既要注意整体的利益，又要注意部分的利益，从而去完成对立和统一。但是，无论怎么对立，结论还是统一，统一于贵族的统治。

对于城邦的统治阶级来说，你既要做一个战士，也要做一个官员（治理者），所以，你经常需要换位思考，一定要掌握好法则与尺度。作为统治者来说，最高的统治术就是正确地把握尺度，分析利益，而不要做太过分。如果不能把握尺度，制度就会变化，但是，无论制度怎么变，无论君主制、民主制、共和制怎么变，它最终还是少数贵族的统治，从本质上说是不变的，这就是古希腊的量变质变。

民主制、共和制、君主制，可能变成暴民制、贵族制、僭主制，这是自我否定，但无论怎样自我否定，它实质上都是奴隶主制度，这是古希腊的否定之否定。

黑格尔推翻了这种辩证法，以革命精神代替了古希腊的权术，他直视了古希腊辩证法的实质，就是主人和奴隶的关系。这个关系是古希腊哲学里没有触及的，古希腊的哲学就是奴隶主的意识形态，于是，黑格尔在主奴关系中重构了辩证法。

第一，他把城邦统治集团内部利益的分析，改造为统治集团与被统治集团关系的严密分析，指出：世界不是贵族奴隶主创造的。在此基础上，黑格尔通过非常严谨的逻辑推出了三个最具革命性的命题：一是劳动创造世界；二是奴隶创造历史；三、自由意志首先是在奴隶劳动中发生的。这三句充满革命、造反精神的话，最初不是马克思提的，当然也不是亚当·斯密提的，而是黑格尔提出来的。

第二，人的自由意志是世界历史斗争的必然产物。古希腊哲学里没有自由的学说，自由的学说是洛克、卢梭等人提出的，他们只是说，上帝不允许人统治人，自由是人的天性，人天性自由，生来自由。但是，在黑格尔看来，这只是凭着一腔热情说自由，热情背后毫无力量。黑格尔说，如果这样，那自由就是胡扯，因为这种说教离开了斗争。黑格尔超越卢梭的地方在于，他以辩证法的方法通观人类历史，提出奴隶通过劳动争取承认的斗争，塑造了人，塑造了具有主体性的人。人们因为贫苦不得不劳动，因为受压迫不得不革命，这种对于被动性的理解，正如对于死亡的意识一样，转变为历史的主动性，转变为革命与斗争的意志——自由意志。

第三，他热情地歌颂了自由民主体制。希腊城邦是奴隶主保护奴隶，而现代国家存在的唯一目的就是保护自由，保护全部经济基础中所包含着的自由意志。反过来说，自由如果要变成强有力的力量，它仅仅表现为物质基础还是不够的，那它就必须上升为上层建筑，变成自由民主国家。

黑格尔对于国家的论述往往最被人们误解，人们往往说黑格尔无条件地赞成国家，认为国家就是一切。不，黑格尔所说的国家是自由的国家。自由是什么？一是劳动，二是平等（即他所谓互相承认）。自由国家的目的就是保护平等和劳动。平等和劳动如果要得到保护，平等和劳动的人们就必须联合起来，必须联合为自由的国家。这一国家是自由的国家，它指向的是平等的劳动者的自由联合，它不是希腊城邦贵族的民主制度。

黑格尔的理论是对法国大革命的总结。当黑格尔仔细研究法国大革命时，他认为法国大革命通过诉诸劳动而免除了饥饿，不劳动者不得食；通过革命的、以暴易暴的方式避免了恐惧，因此使劳动者获得自由。这使人们对于权力与财富的理解发生了根本变化：财富是劳动创造的，劳动体现的是自由意志，权力的核心是保护自由意志。一旦认识到只有自由意志才是人的根本追求，人类所有的行动，以后就变成了自由自觉的行动。这就是所谓"历史终结"的看法。

对黑格尔来说，所需要的只是把伟大的革命实践理论化、体系化、学理化。

因为我们要了解西方思想的体系化和革命精神，都必须从黑格尔这里出发。但你翻开黑格尔的书，估计看不懂他在说什么。一个如此具有深刻革命性的人，他的著作为什么如此艰涩难懂？

我们今天就从"自由意志"出发，来讲一讲黑格尔及其法哲学。

先说辩证法与自由意志的关系。

黑格尔对于辩证法的理解，既是现实的，又是栩栩如生的，甚至是具有故事性的。黑格尔说，在现代社会到来之前，在自由民主的社会到来之前，在劳动和私有财产被真正承认和尊重之前，人类社会的关系是主奴关系。

人们往往"言必称希腊",但黑格尔指出:希腊制度是荒谬的,因为它是建立在奴隶制度基础上的。无论我们怎么看希腊制度,都不能忽略奴隶制度,在奴隶制下,不可能有"自我意识"和"自我意识的觉醒"。

如果不是从天上掉下来的,自我、自由的意识是怎样产生的呢?自我与自由、自我意识与自由意志是什么关系呢?

当我们研究人类为什么会有自我意识时,立即会发现:自由,不是思想自由,即不是我在那里想,我就是自由的。黑格尔这样说:如果我思,绝对不可能我在。因为我思的一定是这个桌子,是客观的东西,或者是他人,而不是我自己。也就是说,我思一定是向外的,我思考的是客体,思考的是世界。"我"在思想当中,不会想到"我在"。

那么,自由与自我的起点是什么呢?黑格尔指出:自由与自我都起源于饥饿与恐惧。这其实不难理解,因为如果从这个朴素的观点看,今天的巴勒斯坦对于自由和自我的理解最深刻。

"解放巴勒斯坦"这个口号的直接含义是:自由,就是免于饥饿与恐惧的权利。

人什么时候会想到自我?他想说"我在"的时候,是为什么?黑格尔说因为他饿了,这时候他说,"哦,我饿了"。或者他说，"哎呦，我这里疼"。这是最直接的"我"的产生，这个"我"是基于人的欲望。

所以，他说"我"是这样产生的，就是当我饿的时候，我必须要吃东西。比如你上课的时候，想吃酸奶，在吃酸奶的过程中把这个酸奶破坏了，把这个客观事物消灭了，吃掉之后满足了自己的欲望。但是，这样的欲望，动物也有。动物也会饿，但它不会产生"我"，动物吃了以后它就高兴、满足了。而人所说的欲望，又与动物的不同，它必定指向另一个人。

人与另一个人关系是什么？斯密说，人有一种本能是交换。卢梭和霍布斯说，人有一种恶德，希望压倒别人，显得比别人更优秀。而黑格尔说，人有一种欲望，除了吃饱之外，他还需要别人的承认。

人吃饱了，就自由了吗？还没有，因为他还没有安全，在没有安全的世界里，没有一个人是自由的。因此，如果说，第一，自由产生于饥饿，那么，第二，自由产生于恐惧。

安全是怎么回事呢？我们设想人类的原初状态，就是一个人突然遇到另外一个人，他产生的欲望如果不是吃了他，那么是什么呢？

关于这两个人相遇的结果，卢梭的看法是这样的：这两个人彼此没有需要，彼此就是擦肩而过，这就是卢梭所设想的自由状态，他说，人在自然状态下都是安全的。而黑格尔说不是这样，两个人头一次相遇的原初状态，可能是霍布斯所说的那种状态。形象地说，我突然遇到卢梭，一个跟我长得很像的动物，我非常恐惧，我想的第一件事情是什么？是要跟他比试比试，看看我们俩谁厉害。于是就发生了霍布斯的现象，我和卢梭打起来了。打的结果是什么呢？我把卢梭打败了，或卢梭把我打败了，我被恐惧战胜了，再打就把我打死了，我就从此服从他，以后我就追随卢梭，替卢梭牵马坠镫。卢梭如此令我恐惧，他打败了我，成为主人，而我保下这条命，成为奴隶。这种安全是建立在恐惧的基础上，霍布斯说，国家就是人们为了战胜恐惧而产生的恐怖工具。于是我就劳动，每天替卢梭打水摘果子吃，卢梭就只管喝水吃果子。主人就是打仗，奴隶就是生产。黑格尔说，这不就是亚里士多德和柏拉图所说的理想的城邦的分工吗？

那么，这是理想国吗？在这种理想国里，表面上看是不错的，奴隶有了安全感，因为有奴隶主替他打仗；奴隶主的欲望得到了满足，因为有奴隶替他劳动。但反过来，奴隶的劳动没有任何成就感，他的劳动是被迫的，无法体现他的自由意志，他就是一个满足主人欲望的动物。奴隶主没有任何安全感，他就是一个会杀人的恐怖动物，这不是人，而是 human animal，最近这个词挺火。这个词其实是黑格尔的发明，它是一个人类动物。

说到这里，黑格尔就跟同学们说，与卢梭一样，霍布斯说的这条道路也是走不通的。因为在这个状况下，不但没有一个人是真正自由的，而且在那里其实没有人，只有满足主人欲望的动物奴隶，以及令奴隶恐怖的动物主人。

黑格尔说，我们现在换条思路来思考问题，这是他对于辩证法否定规律的改造。

自由意志是怎么发现的？他说，首先是在奴隶劳动里发现的。

我们说人是自由的，为什么讲他一定是自由的？因为物是不自由的。我可以把这个桌子搬走，但这个桌子不能把我搬走。不过，人对物的否定，还不是搬桌子、搬木头这么简单的事，人对物的否定，是把木头造成一个桌子，在造桌子的时候，人把自己的意志灌入木头之中。桌子，首先是人的自由意志的产品，因为其中灌注了人类意志，所以，它就不再是木头，而是一个有灵魂的木头，所以，马克思才说，这个木头桌子，好像能够用它的腿跳舞似的。

因此，人的自由，在最抽象的意义上说，就表现为人对物质世界的支配，最简单的说法叫劳动，labor。对于物的世界支配的自由，我们抽象地称之为劳动。那么，我们能否把自由的起点设置在劳动上？他说这是一个思路。

劳动创造什么？最简单、肤浅的理解是，劳动创造财富，这就是约翰·洛克、亚当·斯密、威廉·配第的"劳动价值论"了。而劳动创造私人财产，这最初是洛克说的。洛克在《政府论》二篇里说：我不能说水是我的，但我用罐子打水，我付出了劳动，所以水是我的。所以，保护生命，保护安全，就变成了保护生命和财产。斯密和洛克的自由学说，到这里就完了。

但黑格尔的说法更为严谨、更为深刻，黑格尔的说法是，最根本上说，劳动体现的是自由意志。人的自由，它的出发点是什么呢？就是对物质世界的支配与加工。保护财产，是因为劳动产品里灌注了自由意志，无偿占有劳动产权，就是侵犯他人自由意志。所以，物权法与其说是保护劳动和保护劳动财产，不如说是保护灌注了自由意志的物，从根本上说，它要保护的是自由意志，而不是简单地保护生命，保护财产。只有把一切行动建立在劳动的基础上，建立在灌注了人类自由意志的物的基础上，自由才有了根基。

劳动产品里有自由意志，所以，它有不可侵犯的权利。

但是，问题在于，物本身不能伸张自己的权利，物不会开口说话，正如劳动者只是劳动，不会说话；统治者及其知识分子只会说话，他们不劳动。古典经济学只是为劳动产品、只为私有财产说话，也不会为自由意志说话，那么，谁能为自由意志说话呢？

既然自由意志不能通过物来表达，因为物不会说话，那么，自由意志通过什么来说话、来表达？

黑格尔说，自由意志只能通过文化、通过历史、通过风俗人心来说话。文化（德语里的"文化"）是不成文法，自由意志植根于、体现为文化，文化辩证地、一步步地走向实体，而最高的实体、最高的伦理实体，就是国家。

什么是国家？以文化为根基的实体，才能叫国家，只有这样的国家，才能代表自由意志说话，这样的国家就是会说话的意志实体，是自由意志的实体，是伦理实体。

黑格尔说，能够为自由意志说话的，那就是文明的国家，而国家最深沉的根基，就是文化、是文明。

黑格尔的国家观，是建立在文化、文明的基础之上的。随后，我们将会看到，马克思批判黑格尔的出发点，就是其国家观。

现在，我们先来看黑格尔《法哲学原理》一书的基本结构。

《法哲学原理》的第一篇讲抽象法，法律保护劳动，保护劳动财产，表现为产权，对产权的保护，也就是对劳动的保护。为什么说法是抽象的呢？他指出，因为这只是一个起点，只是代表着古典经济学对于自由的理解，古典经济学把自由仅仅理解为财富与私有财产。而法律、契约只是外在的约束，它触及的只是自由意志的表面。

如果法只是自由意志的外在形式，那么，有人会说，自由意志的"内在形式"便是道德。

黑格尔反对这种说法，他认为，道德是虚的，不是一个实体。道德起源于基督教，它的态度就是：自由就是精神自由。这种道德姿态没有任何力量，不但没有持久的力量，连强制的力量都没有。

《法哲学原理》第二篇讲道德。

实际上，希腊城邦统治者、基督教分子与启蒙知识分子，都把自由理解为道德，理解为基于内心快乐的满足。"内心的道德法则"，这既是柏拉图、基督徒的主题，其实也是卢梭的主题、康德的主题。黑格尔在这里批判了启蒙的道德哲学，指出这种道德哲学是空虚的，是没有基础的。

人为什么会是道德的？卢梭的说法是：不是说人天然是道德的，我只是说人是无害的——他在自然状态下，没有压迫或侵害别人的愿望，不会是霍布斯所说的状态。即不是说，我和卢梭第一次见面，我俩就想 PK 一下，我们俩也许是擦肩而过。人处在自然状态下，有一种为他人考虑，或者起码是不危害他人的愿望，这个东西是"道德"。

而康德所说的道德，乃是基于一种内心的快乐满足，是比较高级的快乐。你喝酸奶，吃好东西，这是感觉的快乐，动物就是如此，但你做一件好事，送人玫瑰手有余香，这是道德的快乐。秋天你坐在窗边看秋叶烂漫，你感到一种美。道德与美，这是人所具有的快乐，康德讲的那套哲学，也构成了经济功利主义的基础。经济活动是一种道德偏好，因为它给你带来快乐。给他人带来快乐，是最高的快乐，这是约翰·斯图亚特·穆勒的名言，也是功利主义或者"福利主义"的出发点。

但黑格尔说，康德一生其实都谈不上自由，也谈不上什么真正的快乐，因为他一辈子没有出过柯尼斯堡。他是个连鸡窝都管不好的人，竟然还当了副校长，可见他会把柯尼斯堡大学治理得怎么样。

为什么说希腊的道德是完全的虚构，是形而上学呢？我们前面说过，古希腊哲学的思考方式就是招魂，苏格拉底思考的问题是灵魂，他的观点是灵魂不死。他思考的最后一个问题是：死不过是灵魂摆脱了肉体，我死了，灵魂不死，那么哲学是什么？哲学是"招魂"，是回忆，是我们对于理念的记忆。我们透过灵魂能看到什么？通过灵魂能看到理念。

基督教追求的自由，也是这种纯粹精神的自由。黑格尔说这种形而上学纯粹是瞎想，只有统治阶级、基督徒、启蒙知识分子，只有那些什么都不干的人，才吃斋念佛，天天想那个彼岸世界的绝对形式。除了奴隶主、基督徒，再就是一部分吃饱撑的没事干的纯粹的知识分子，才沉迷于这种空虚的道德。

黑格尔对于启蒙哲学的批判，对当代中国知识分子具有非常深刻的意义。因为当代中国的思想解放运动，其基础就是启蒙哲学，1978年刚刚改革开放的时候，在知识分子里流行的自由和新道德，就是这种精神自由，或者精神贵族的自由。

在思想解放运动中，潘晓问题的讨论起到了很大作用。当年，《中国青年》杂志收到群众来信，其中有个女青年叫黄晓菊，她说家里特别苦，跟谁关系都不好，母亲好像不把她当亲生的，跟谁都说不了话。但她就爱读《约翰·克利斯朵夫》，就喜欢文学里的那种自由。我只能在思想里获得自由，可是现实当中人生的路，为什么越走越窄？

《中国青年》杂志把这封信和北京经济学院学生潘祎的一些话糅在一起，从两个人的名字中各取一个字，署名潘晓，登了出来。人生的路啊，为什么越走越窄？这叫"潘晓之问"。黄晓菊一下子出名了，原来在北京第五羊毛衫厂补毛衣，后来给她换了个工作。说你想要什么工作？她说："我想要一个能跟书接近的工作，因为在书中是自由的。"于是，就把她调到中国青年出版社的发行部，负责捆书，天天跟书待在一起。实际上，她不是想跟书在一起，而是要跟人讨论书里的事儿，要住在思想里。但是，出版社的人和她没有共同语言，不愿和她讨论书里的事，后来，她认识了作家史铁生，两个人越谈越投机。史铁生哪儿都去不了，除了去地坛转一转，就是谈书，当然没有行动自由，只有思想自由。哎哟，她觉得跟史铁生太契合了。有一天，史铁生说，"要是这时候能吃个糖葫芦多好啊"，她就跑了二十里路，替史铁生买俩糖葫芦回来。黄晓菊说："咱俩待在一块真好啊，一块读书，一块谈人生。"但史铁生说："不行，我现在想要个做饭的，不要一个在一块读书的。"

黄晓菊后来便经常到高校听讲座，在这些呼啸来听讲座的人当中，她认识了一个爱自由思想的男青年，也是被"潘晓"吸引来的粉丝之一。两个人擦出火花来，生了一个娃，这算是自由意志的结晶。但这个自由意志没有走向家庭，后来男青年说"我对你没爱情了"，黄晓菊就自己带一个娃，离开北京去深圳，从一个很普通的打工者开始，经过艰苦奋斗，现在在北京开了一家店。

人所真正拥有的，不是他的思想，而是他的身体——人身，而人身，就包括他的行动——劳动。你的孩子首先不是你思想的产物，而是你身体的产物。自由的基础是人身自由，这是洛克所谓的自由。于是，到了这个时候，黄晓菊终于理解了什么是自由，面对饥饿，面对恐惧，为了追求孩子的吃喝与安全，为了活下去和教育孩子，她必须奋斗，必须劳动，必须有一个工作，有一个小店，有一个实体。一个东西支持着她，那就是不屈不挠的挣扎与奋斗，就是勤劳勤劳再勤劳，这是卢梭、德里达、福柯教她的吗？不是，是她自己基因里就有的，这种基因，是我们每个中国人都有的，是支撑起我们五千年文明的东西。黑格尔说，为了免除饥饿和恐惧而劳动，在劳动中不断成长，这就是劳动的自我教育，这种自我教育，培育的是真正的自由意志。

而卢梭、康德、德里达所说的那些东西,从内心与思想的角度讲自由,那都是虚的,黑格尔说这叫斯多葛主义,叫怀疑主义,以为只有思想是完美的,现实都是不完美的,怀疑现实,这是一切知识分子的毛病。他们所有的毛病,就是认为外在世界是跟他对立的,只有书里才是自由的。

黑格尔说,自由是从饥饿和谋生开始的,自由是从对吃饭与安全的追求中产生的。

《法哲学原理》第三篇讲的是伦理,而伦理是一个实体,什么样的实体呢?

首先,它是家庭。家庭是什么?家庭的基础是婚姻,婚姻不是两性关系,不是市民契约,不仅是爱情的结晶,婚姻和家庭是延续基因的方式。通过家庭延续下来的不仅是生命,而且是文化,是宗族,是家风家教,是人格。

第二,是市民社会。市民社会是纯然的物质实体,我们创造物质实体的原因,就是因为一个非常简单的理由:人没饭吃不行。我们劳动,我们服从市场交换法则,我们制定法律打官司争财产,我们服从单位这种同业公会,我们服从警察,无非就是为了吃饭和少点麻烦。市民社会的约束是硬约束,我们在市民社会里都是被动的。它是一个实体,是一个物质的实体。

第三是国家。国家是文化的实体,是一个文化的有机生命体。德意志国家的基础是日耳曼文化,这种文化的特点是独立自主,是勤劳勇敢,这就是自由意志。它通过劳动、教育与斗争,通过德意志历史和文化的教育教养,凝聚在德意志的志士仁人那里。这些人与德意志文化同心同德,与文化一体,所以,担任公职,不是契约关系,不是雇佣关系,而是承担伦理和精神责任,是这些公民自由意志和自由本性的实现。德意志国家政治的基础是德意志文化,作为一个有机生命体,这个文化有其结构,但这个结构不是洛克那种简单的三权分立,它不服从任何利益集团,不是各种利益的凑合,它作为一个主体,体现的是德意志民族的根本利益。

德国精英是德国文化的承载者,这些文化精英构成了国家的主体,具体地说:

第一,它需要有各个阶层充分自由发表意见的议会;第二,需要一批精明强干、完全忠于公众利益的官僚;第三,它需要一个英明圣裁的皇帝,在议会莫衷一是,在代表各阶级利益冲突的时候,当所有的公务员都尽忠职守的时候,皇帝做最后的决断。

既然德国是一个文明国家，而国家的主体是文明人，是读书人，是学者，是知识分子，是官僚，那么，人民是什么？

黑格尔说，人民，就是那些根本不知道自己利益在哪里的人。人民总是分成不同的等级和派别，再互掐。人民什么都不是。

国家的基础是文化、是文明，那国家的主体就是知识、学问和思想，就是有知识有学问有思想的精英，那么，究竟国家重要还是知识和学问重要？黑格尔的回答是后者最重要，没有了知识与学问，国家就没有了基础。所以，当拿破仑的大军打过来的时候，黑格尔就拿着一个篮子逃跑，篮子里唯一装着的就是未完成的《精神现象学》手稿，黑格尔认为，这个手稿比德国要珍贵多了。

这就惹恼了黑格尔的好学生马克思，马克思的观点很简单，也很著名：国家的基础不是抽象的文明、文化，国家的基础是人民。人民，只有人民，才是历史发展的根本动力。

正是在《黑格尔法哲学批判》中，马克思第一次谈到了人民，他的名言就是：人民大无畏的革命首创精神。马克思指出，黑格尔太精英了，精英的观点总是说人民不成熟，但马克思说，德国最大的不成熟，就是精英不成熟，而德国精英最大的不成熟，就是总是说德国人民不成熟。于是，马克思说，德国人民首先应该做的，就是不要听黑格尔这种有学问的人胡扯，以为他们有技术、有学问、有文化，就能把国家搞好。人民首先要摘掉这种心灵的枷锁，才能发挥大无畏的独创精神。

马克思第一次提出以人民为中心，而不是以官僚、文化精英为中心，就是在这篇文章里。

什么是自由意志？马克思说，这就是人民大无畏的革命首创精神。那么，什么是黑格尔的自由意志？就是所谓文化，而黑格尔的文化观非常抽象，也非常肤浅，他认为文化就是人的美德、天性、自由、意志，黑格尔说，这是神圣的，是不可交换的。但马克思这个愤青说，我们今天看到的是：贵族们天天用他们的头衔交换财富，暴发户们天天用他们的不义之财交换美德、天性、自由、意志，这就是所有18—19世纪小说的共同主题。如果说，德国有一种比市民社会的交换更无耻的交换，那就是把文化当作商品来交换。

黑格尔说，国家的基础是文化、是伦理，但究竟什么是文化，这在黑格尔那里依然是抽象的。马克思一针见血指出，这种抽象性掩盖了两个问题：一、黑格尔的文化是从宗教里脱胎出来的；二、它是怎么脱胎出来的？

马克思的贡献就在这里，他回答了上述问题，他指出：如果说，资产阶级也有创新，那么，它最大的创新，就是把宗教的伦理转变为资本主义伦理。对于西方文明来说，真正的文化问题其实在于：在犹太教与基督教的文化里，信仰、信心、良心，怎么变成了信用，信用怎么变成了债券与股票？

劳动价值论的核心问题，并不在于"劳动"，而在于"价值"，在于用什么价值去衡量劳动。如果用货币去衡量价值，那么，"劳动"的价值，只能表现为"劳动力"的价值，那么劳动价值论，就变成了一个货币工资问题了。

如果说，洛克乃至斯密的出发点是劳动，那么，马克思的出发点就是价值，或者西方文明的价值观。黑格尔把他的思想基础，落实在西方文明的价值观之上。马克思对黑格尔的一个重要的继承，就在于从西方价值观角度，去思考价值问题，因此，在马克思那里，所谓价值、价值规律绝不是一个简单的经济学问题，而是一个文明论的问题。马克思揭示了西方资产阶级价值观形成的历史。

一个国家、一个民族，当然要有价值观，按照黑格尔，这个价值观的核心是自由意志，具体说是劳动，是勤劳、节俭、勇敢。但对马克思来说，黑格尔的这种说法太高大上也太空洞了，问题在于，这种核心价值观掌握在谁手里——这才是马克思的问题。

马克思指出，今天我们谈到文化，谈到价值观，谈到价值和价值尺度的时候，这究竟是指什么呢？这其实是指以货币为完成形式的价值形态，说白了这就是资本。因此，我们没有生活在一种抽象的文化价值体系里，我们生活在资本主义文化价值体系里。无论你怎样在精神层面讲自由意志，无论你把价值观讲得多么高大上，在这个社会里，衡量你价值的标准，不是你是否勤劳、善良、节俭，而是你有没有用。所谓你有没有用，就是指你能否给资本带来剩余价值。

就拿黄晓菊来说，她的奋斗不是由她勤劳刻苦的文化基因所决定的，她劳动，是因为她不得不劳动。为了吃口饭，她不得不使自己有用，而且不得不使自己在雇主面前表现得有信用。为了对得起这口饭，她必须满足雇主和生活的一切要求，这样，她才能显得对得起自己。每到超额完成任务之后，她的信用就增加了一部分，但雇主的满意度是永远在攀升的，作为资本的价值尺度是永远也达不到的，所以，你就一直处于内卷与自责、内疚当中不能自拔。

一旦把抽象的价值观、价值体系落实为以货币为完成形式的价值形态，那么，黑格尔思想的一切神秘性就都解除了。一旦宗教的伦理转变为资本主义伦理这层面纱被揭开，资产阶级价值观作为锁链的本来面目就呈现在我们面前。

"劳动价值论"这个如此高大上的问题，怎么会变成一个以货币为价值形式的尺度的问题？以劳动和交换为核心的共同体，怎样变成了以信用为核心的经济实体？这不是市民社会的问题，这是资本主义的问题。

这种价值观的转变是怎么完成的？

马克思指出：西方价值观的转变，与高利贷问题密切相关。

在基督教的世界里，放高利贷既是非道德的，也是违法的，但是，社会生活又离不开债务与放贷，于是，放贷就是犹太人所操持的半公开的贱业。拿破仑通过宣布高利贷非法，以此来解放犹太人，但这是行不通的，因为这使借贷变得不可能。而路德新教改革的核心就是高利贷问题，路德反对高利贷，但却使借贷变得更容易、更普遍，因为路德主张：任何人或者组织，凭借其"信用"，就可以借到钱。

正是路德的改革使借贷合法化、规范化、制度化了，这不但使贵族和国家凭借其"声誉"就更容易借到钱，更促进了私人银行业的发展，促进了贵族、国家与银行业的融合。

关于新教改革的实质，马克思这样天才地说：

> 路德战胜了虔信造成的奴役制，是因为他用信念造成的奴役制代替了它。他破除了对权威的信仰，是因为他恢复了信仰的权威。他把僧侣变成了世俗人，是因为他把世俗人变成了僧侣。他把人从外在的宗教笃诚解放出来，是因为他把宗教笃诚变成了人的内在世界。他把肉体从锁链中解放出来，是因为他给人的心灵套上了锁链。[①]

这段话，简直是天才附体才能说出来的。黑格尔院长遇到这么个彻底的学生，这是他的幸运还是不幸？我们只能说：这就是天才的话，马克思说明了伦理、文化是什么，而这在黑格尔那里恰恰是十分神秘的。

《法哲学原理》中的第一篇讲的是抽象法，而第一章讲所有权，接下来就讲到契约。契约就是我们互相交换劳动产品，人们相遇，他们不是擦肩而过，也不是彼此互殴，而是交换，这就从卢梭、霍布斯走向了斯密。但黑格尔指出，虽然劳动产品

[①] 《黑格尔法哲学批判》导言，《马克思恩格斯文集》第一卷，人民出版社，2009年，第12页。

是可以交换的，但劳动产品里有一个东西是不能交换的，什么东西呢？那就是自由意志。黑格尔说，自由意志就是人的美德、天性、自由、意志，契约只是在交换劳动产品，而自由意志是不能交换、不能让渡的。

关于契约的这部分，乃是黑格尔法哲学的基石，是最重要的内容，而马克思在《黑格尔法哲学批判》中，恰恰就是从这一章起步开始突破，他批评黑格尔，抓住了一个黑格尔完全没想到的角度。这个学生很聪明，他说，黑格尔在这里出现了一个致命的含糊或者虚荣。黑格尔一方面讲自由意志就体现在劳动产品里，这无疑是正确的，是所谓唯物主义；但是，另一方面，自由意志体现为人的声誉、美德、天性、自由、意志，这究竟怎么体现呢？所谓美德、天性、自由、意志，如果不是自说自话、同义反复的话，这究竟指什么呢？

马克思说，黑格尔院长在一个问题上掩盖了历史，那就是人的荣誉、名声、才华其实是可以买卖、可以抵押的，这就是路德新教改革的实质。普鲁士这个新教国家通过向罗斯柴尔德家族贷款而打败了拿破仑，贷款的抵押物，就是普鲁士王室的声誉与莱茵地区的土地。西方借贷制度的规范化、合法化与制度化，起源于新教改革，完成于拿破仑战争。它使国家、贵族与银行业结合在一起,从而造就了一个新的统治形式——资本的统治。

把信用这种无形的东西量化,就是犹太人所擅长的票据,票据是资本的最直接体现。于是,在这个世界上,说一千道一万,美国最强大,正因为它强大,所以它不差钱。所有人都愿意借钱给美国。无论你多么恨美国,美国就是有钱。美国可以随时拿出无穷的钱来干东干西。它的钱是哪来的? 是它生产和交换得来的吗? 不是的,是全世界所有的富人都把钱存在美国,各国都买美国债券,借钱给美国。美国有世界上最制度化、最完善、最强大的借贷机制,这个借贷机制的基础,就是美国的声誉、美国的个性、美国的荣誉、美国的信用,而这就是资本。所以马克思说,黑格尔院长没有看到,人的美德、声誉、个性、才能是不是可以变现? 当然是这样。

在劳动的体系之上,或者之外,还存在着一个信贷的体系。这是英国古典经济学和德国古典哲学所没有看到的领域。

因此,开发商之所以能够借到这么多钱,不是因为我们缺乏一个信贷机制,恰恰是因为他利用了一个制度化的、规范化的,乃至"学理化"的信贷机制。房地产制度恰恰是建立在这一信贷机制之上,而使这个信贷机制得以合法化、得以成立的,就是马克思所谓的新教伦理,就是路德所谓:任何个人、组织利用其"信用"就可以借钱这种道德上的革命。

新教革命不是解放了宗教,而是解放了信贷。

劳动产品里包含自由意志,自由意志体现为劳动,这是黑格尔的话;劳动产品里包含价值,这是古典经济学的话。但是,衡量劳动价值的不是劳动本身,而是价值体系。价值体系不是一个审美的体系,而是一个立足于严密的信贷机制之上的货币金融体系,在资本主义制度下,这个以货币为完成形式的价值形态与劳动是对立的,是对劳动的剥削。在这个价值体系里,劳动的价值仅仅等于劳动力的市场价格——工资。而劳动力的价格,完全取决于资本的意志,即资本的利润、利息和回报率。

一旦这种资产阶级的价值观支配着现实世界,这种价值观也就束缚着劳动者的心灵,在资本主义价值体系里,劳动是否有价值,这需要看劳动是否能够为资本创造出剩余价值。斯密提出了"有效劳动"与"无效劳动"的说法,但是,他不能解释劳动为什么是有效还是无效。只有站在资本价值论(而非劳动价值论)的立场上,我们才能区分哪些劳动是有效的,哪些是无效的,才能解释劳动为什么是无效或者没有价值的,才能无耻地说，大规模失业是完全必要的。

自由意志没有体现在劳动里，但资产阶级的自由意志的确体现在特定的文化里。青年马克思雄辩地指出：资产阶级的文化创新，在于把宗教信仰改造为信用，把信用改造为资本，同时也把科学改造为技术。资本主义的革命就在于这种文化的革命，而不是生产与劳动的革命。当自由意志被等同于价值，价值被理解为价格的时候，这里的价格不是指劳动价格，而主要是指资本利息、生产资料和技术投资收益。在这样一种以资本为核心的价值体系里，劳动甚至就被理解为可有可无的，劳动的价值表现——劳动力价格，就会变得越来越低。而黑格尔所谓人的自由，它的基石在于我能支配这个桌子，桌子不能支配我，我能支配客观的世界和物质，因此我是自由的——这种说法就不能成立。

青年马克思不是生来就是无产阶级的伟大导师，因为在波恩大学的时候喝酒打架，不好好念书，所以他老子才把他转到管理最严的柏林大学的法学院。到了柏林，马克思就只能好好学习，唯一的消遣是给燕妮写情诗，再就是逛街。马克思家里很有钱。柏林当时是欧洲造鞋的中心，青年时代的马克思就爱买鞋，逛街的时候发现原来鞋这么贵呀。他就突生一个问题，鞋是工人造的，但造鞋的工人不但不能支配鞋，还受鞋的支配。为什么？因为鞋的价格不等于劳动的价格，更不等于劳动力价格，鞋的价格主要是被资本回报率和其"技术含量"所支配的。所以马克思说，主人和奴隶的斗争远没有结束，历史远没有终结，我们进入一个新的主奴时代，在那里，资本与技术支配着劳动。

多年之后在写《资本论》的时候，他为《资本论》写了三个很重要的手稿。其中一个手稿中，他用最灰色的笔调描述了黑格尔所开启的现代世界，从被黑格尔终结的历史里，开创了新的历史。

黑格尔说，在人类共同体中，劳动共同体是最后一个共同体。法国大革命中，每个人都承认对方的劳动产品，每个人都通过劳动交换来彼此承认，这个劳动共同体是最后最高的共同体。当年的奴隶——古希腊时代的奴隶们，通过漫长的劳动和斗争，在改造客观世界的同时，不断地改造自己的主观世界，最终通过商品劳动与商品交换，通过契约与法律，消灭了主奴关系，实现了辩证法。这就是黑格尔的辩证法。

马克思完全不赞成黑格尔的历史终结论。他认为劳动不是最后一个共同体的形式，而只是一个过渡期。这个过渡期，就标志着马克思在书里所说的资本主义原始积累的形成,随后到来的社会表现为不是劳动对客观世界的支配,而是资本对劳动的支配。马克思说,黑格尔所说的人类的最后理想社会,其实不过就是资本主义社会的先兆,黑格尔对这个市民社会的理解太乐观了。这个社会真正支配的力量是资本和技术,而不是劳动。

问题不是人与人的关系,不是人为了争取他人进行的斗争,问题在于人与资本的关系,问题在于劳动与资本支配的机器体系的关系。因为此前的一切人类社会都是靠共同体生存和发展的,而资本主义社会最终实现的是资本与技术的结合,而不是自由与劳动的结合。而这可能意味着人类最后一个共同体的消失。

这不禁使我们想起那首著名的挽歌:

> 他们在这里讲述革命的奇迹,他们在这里点燃火炬,在这里,他们唱着明天的歌,而明天,却永远不会来临。
>
> 从角落的桌子,他们眺望了新世界的诞生,我听到了他们——他们正站在新世界歌唱,歌声变成了人类最后的共同体。

《政治经济学批判（1857—1858年手稿）》是马克思为写《资本论》所作的一个最为重要的手稿。《资本论》三卷的主题是"资本"，而《政治经济学批判（1857—1858年手稿）》的主题是"人类共同体"。

马克思为什么如此关心人类共同体问题呢？

一个原因：共同体问题是西方哲学社会科学的本源问题。古希腊哲学的主题是城邦共同体问题。黑格尔哲学的主题，就是建立一个劳动的共同体，即人们为了争取互相承认而进行斗争。在这种斗争中，人们互相承认，从而形成了劳动的共同体。

马克思思考"人类最后的共同体"这个问题，也许还有更为重要的原因，我以为这与马克思本人的犹太人出身有关。因为马克思说，他的写作，主要是为了解决自己所面对的问题。在西方历史上，犹太人是长期被排斥在社会共同体之外的，是疏离或者被排斥于共同体之外的，这是犹太人的根本问题。所谓现代转变，在黑格尔那里，就是建立劳动共同体的问题，而在马克思那里，则是犹太人作为放贷者，如何被接纳为资本主义体制，特别是金融信贷机制的重要组成部分的问题。

马克思与黑格尔的一个基本区别是：马克思认为，资本主义体制瓦解了黑格尔的劳动共同体。普鲁士国家不是一个劳动共同体,甚至不是一个国家,而是一个资本支配的权力机制,这就表现为银行对于国家与社会的支配,表现为罗斯柴尔德家族对于整个欧洲的支配。

在法国大革命中,黑格尔"从角落的桌子",眺望了人类最后的共同体,一个在斗争中形成的劳动的共同体,但是,这个共同体却没有到来。于是,人类的斗争就由主人与奴隶之间的斗争,变成了瓦解共同体的资本与建立共同体的劳动之间的斗争。

在《政治经济学批判(1857—1858年手稿)》中,马克思列举了几种历史上的所有制形式:第一种是游牧,逐水草而居集体迁徙;第二种是亚细亚所有制形式,大家一起治水,把土地搞好种地;第三种是抢劫,古希腊就是结伙抢劫,抢了财产自己用,抓了俘虏当奴隶;第四种是日耳曼所有制,占领者就在城堡里开个商业网络,靠一帮商人收税,最终,劳动构成了一个共同体,劳动者互相交换劳动产品,这就是市民社会。到这里,黑格尔说历史终结了。

马克思说,此前的人类社会都是靠共同体发展生存的,但只有资本主义社会是特殊的,它的最大特殊性在于它是不需要共同体的，这正如历史上的犹太人不需要共同体。而且，它不需要人类劳动，它甚至根本就不需要人。在这个社会，资本与技术结合在一起，人们将普遍地变成宅男宅女，他们只跟机器对话，不需要和别人沟通，这个社会意味着共同体的瓦解。

他说，资本主义社会需要的是资本、是技术、是机器，不是工人，也不是人。因为社会的实质是资本，而不是黑格尔所说的劳动。他的原话说："对于资本来说，工人不是生产条件，而只有劳动才是生产条件。如果资本能够让机器，或者甚至让水、空气去从事劳动，那就更好。而且资本占有的不是工人，而是他的劳动，不是直接地占有，而是通过交换来占有。"[1]

这个手稿里最深刻、最有当代意义的部分，提出了人脑的机器化、智能化。这是知识对象化的极端产物，自由意志被对象化为人工智能。马克思指出，资本利润的驱动，决定了科学发展的方向。而资本主义劳动的最终理想就是资本与技术的结合，其结果就是用机器代替人，以机器人的体系来代替人类社会体系，最终是机器体系代替人类命运共同体。马克思猜测资本主义社会的前景是这样的：一旦资本与技术结合起来，自由

---

[1] 《马克思恩格斯全集》第三十卷，人民出版社，1995年，第491—492页。

与劳动的结合就没有办法实现了。所以在手稿的最后一部分"资本主义条件下和共产主义条件的社会生产力"中,这段写得非常简短,他只是说,共产主义能否实现的关键是:联合起来的劳动共同体,通过掌握机器体系和科技体系,去支配和驾驭资本。是劳动共同体去支配机器人,而不是机器人支配人类社会。他最后一句话是一个猜想,就是——使机器和科技体系变成联合的工人的财产。

这句话什么意思呢?用今天的话来说,就是数字技术、人工智能、生命工程,这个当然是好的,但这却绝对是黑格尔没想到的一种发展。机器人、人工智能、生命工程也许再造了人,一种完全没有自我、没有自由意志的"智人",这可能就是未来社会的人。于是,在马克思看来,自由的前途在于人的自由意志,或者说有自由意志的人怎么支配"智人",而不是被没有自由意志的机器人所支配,更为重要的是——机器和科技的体系掌握在谁手里。

所以,他手稿的一句话是,如果还有新的人类命运共同体,那么将怎样以改变了的、由于历史过程才产生的新的生产基础为出发点,这是马克思《政治经济学批判(1857—1858年手稿)》里最高瞻远瞩的地方。

《政治经济学批判（1857—1858年手稿）》是马克思为写《资本论》做准备的第一个手稿，当时，他把这个手稿拿给拉萨尔[①]看，因为需要拉萨尔的女朋友帮他出版。拉萨尔当然看不懂，恩格斯看了以后，也没有理解马克思的思路。这对马克思的打击非常大，特别是燕妮读了以后，甚至说她对于卡尔的写作天才完全失望。燕妮之所以嫁给马克思，就是因为他有天才，现在看到这本手稿，她完全绝望了。

这尤其对马克思造成了非常沉重的打击，马克思开始怀疑：从探索人类共同体出发，这个思路是否太"犹太化"了？毕竟，疏离于共同体，这是一个典型的犹太人问题。从基督教、犹太教，特别是新教改革的角度去思考资本主义的发生，是不是太强调西方价值观了？毕竟，宗教的价值观问题，甚至已经不是当时西方学术界的热点问题了。从黑格尔哲学的角度去阐释古典经济学与德国道德哲学，这是不是太绕了？因为即使在当时的德国，黑格尔也已经被视为"死狗"，他的《精神现象学》早已经没有读者了。

马克思感到自己也许太犹太化、太价值观化、太黑格尔化

[①] 拉萨尔（Ferdinand Lassalle，1825—1864），普鲁士著名政治家、哲学家、社会主义者。德国早期工人运动领导人。

了,他因此不得不抛开手稿的思路另起炉灶,这就是我们看到的,规规矩矩地从劳动价值论、剩余价值论、地租等开始写的《资本论》第一卷。

我认为,马克思提出的价值观问题依然是马克思主义的一个最基本的创造,马克思关于价值观的论述是对黑格尔的继承,因此,不能简单地等于经济学的价值规律问题。

价值观的问题是理解文化、文明问题的关键。今天,我们所说的文化是一种共同体的文化,文化是一个民族、一个国家的集体记忆,文化是共同体的集体记忆。文化是怎样创造出来的呢?文化是被劳动创造出来的,这是黑格尔对此前人类历史的概括,但是,马克思说,我们现在面临着一种新的文化,这种文化是被资本和技术创造出来的,黑格尔没有认识到这种文化转变。马克思认为,我们现在所面对的那个新文化——资本和技术创造出来的文化,最终会创造出特殊的商品——智人,这种智人,是人的全面异化。它表现为"人的全面丧失",即具有自由意志的人的全面丧失。我们要逆转这种人的全面丧失,不是通过简单的阶级斗争、暴力革命就可以实现,要逆转这种人的全面丧失的首要条件,是使机器和科技体系变成联合的工人的财产。只有在这个坚实的基础上,才能开始"人的全面复归"。

这就是我们所说的漫长的共产主义运动,人类解放运动的历史,才刚刚开始呢!

马克思的思考方向从来不是单一的、直线的,而是以辩证的方式重建历史,用他自己的话来说,就是从人的全面丧失、全面异化,走向人的全面复归、全面解放,解放就是复归。

西方哲学社会科学的核心是西方价值观,西方价值观的起点是文化与共同体,希腊文明的基础就是共同体文化。文化就是共同体,文化与共同体,这是一个词。城邦的风尚、城邦的文化,就是共同体的文化。劳动推动文化前进,最终形成了一个劳动的共同体,这是黑格尔对于西方哲学社会科学的完成。

马克思的目标不是推翻西方哲学社会科学,也不是全面抛弃黑格尔,恰恰相反,他的目标是:关于劳动共同体的思想,在资本主义条件下如何能够复归;在资本主义的废墟上,黑格尔的理想如何能够再生 —— 当然是在更高的经济基础之上。这就是马克思的辩证法。

因此,对于马克思来说,重要的不是简单抛弃黑格尔的"国家",即那种物质文明与精神文明高度统一、结合的国家,而是批判和抛弃精英知识分子是文明的主体的思想,从而使劳动人民成为精神文明的主体，成为国家、民族精神的主体。

这是马克思主义的国家观与古往今来一切精英主义的国家观的区别。发扬人民大无畏的革命首创精神，这是毛泽东对于马克思主义精髓的继承。对毛泽东而言，人类的解放在于劳动人民不仅是物质文明的创造者，而且是精神文明的创造者这个关键。只有从这个角度，我们才能深刻理解"以人民为中心"和"物质文明与精神文明高度结合的现代化"这样的论述，究竟在什么意义上是马克思主义的真理。

但是，就像当年的拉萨尔、燕妮乃至恩格斯，今天中国的知识分子不能完全理解马克思的天才，包括不能从价值观的角度，去理解马克思对于西方文明的反思。他们所能理解的价值观只是价值规律，甚至只是剩余价值学说，他们对西方历史的价值观积淀重视不够，从而缺乏对历史资本主义的理解。长期以来，对资本主义的理解，无论是左派还是右派，几乎都是亚当·斯密的水平，甚至远没有达到黑格尔的高度。劳动价值论是斯密完成的，剩余价值学说是大卫·李嘉图提出的，这都不是马克思的发明。其实，斯密的说法跟马克思相反，斯密认为，资本和劳动是一体的。资本越多，越互相竞争，劳动工资就越高。斯密很理想化，他天真地以为，只要鼓励资本竞争、发展，劳动工资就会提高。与斯密相比，马尔萨斯虽然是个外行（大家往往说马尔萨斯是个牧师，并不是严格意义上的经济学家），但他说出了比斯密更伟大、更接近马克思的话。马尔萨斯说，人口按几何级数增长，而粮食只能按算术级数增长，这种状况下，只能消灭人口，只能进行战争。要维持资本利润，就必须有失业。阶级斗争、经济危机与战争都是不可避免的。

因为我们没有真正读懂马克思，所以，我们今天依然没能超出黑格尔的世界。黑格尔不是理论的，黑格尔是现实的。"从角落的桌子"，黑格尔眺望了新世界的诞生，他看到的就是有自由意志的现实的人，他看到的是劳动创造世界，奴隶创造历史，国家的目的是为了保护自由。这些，今天似乎都已经成为世界的公理，似乎已经没有什么了不起的了。真正看出黑格尔破绽的是马克思，马克思说出了真理，就是这个世界走了一条与黑格尔当年的设想完全不同的路，这条路不是自由与劳动结合，而是资本与技术的结合，它取消了具有自由意志的人，代替以人工智能的人、生命工程的人。黑格尔眺望了新世界的诞生，但是，新的世界从来没有到来。

残阳下最后一个街垒——啊朋友！朋友们都已逝去，

这里只留下空着的桌椅。

对黑格尔来说，这是法国大革命的街垒；对马克思来说，这是巴黎公社的街垒；对今天的世界来说，这是巴勒斯坦的街垒。

这个真理在今天，越来越清晰地浮现在我们面前。当我们面对着包括巴勒斯坦问题在内的整个世界的普遍现象时，每个上至国家领导人、博学鸿儒的知识分子下到普通老百姓其实都知道，这个世界是掌握着权力、金钱和科技的人说了算的，谁说了也没用，只能眼睁睁看着。这就是马克思所说的事实，这个世界，绝不是黑格尔所说的历史已经终结。这个世界可能比人类历史上任何一个时代更糟糕，而这是马克思写作的出发点，是马克思主义的真理性所在。

这就是为什么，中国特色社会主义道路，建设社会主义现代化强国，对于今天的世界如此之重要。马克思和黑格尔给我们的最大馈赠，就是使我们认识到：我们的工作，就是立足中华文明五千年这个深厚的根基，建设社会主义现代化强国。这个国家的根基在文化，这个文化是由劳动人民创造的，不是由帝王将相、才子佳人、精英资本家创造的。以劳动人民为根基，这是共产主义的国内原则。同时，共产主义的原则也是国际主义的原则，不是康有为的去国界，不是全球化，而是以文明的交流互鉴为前提的原则。在这个原则下，每个文明都是特殊的，每个文明都是平等的，文明交流互鉴，是建设人类命运共同体的唯一方式，这就是我们的共产主义的国际主义。

马克思是现实的，他与黑格尔一样现实；马克思是革命的，他比他的老师更革命。他说，无产阶级的解放不是宗教解放，不是经济解放，而是政治解放，这种解放需要一种革命的、现实的政治形式，没有这种政治形式，无产阶级不可能解放。马克思渴望这种政治形式，怎么创造新的世界——关键是创造什么样的政治形式。

今天，我们不仅要把马克思主义基本原理与中国现实相结合，还要把马克思主义的基本原理和中华文明优秀传统相结合。中国的社会主义制度，它的基础是1840年以来我们的革命、建设与改革，但这还是不够的，它还要与我们五千年的文明结合。这样一结合，我们的基础就更加雄厚了，基础就更加广大了。这样办，就使我们的社会主义制度，有了一个历史的广大根基，这是从历史方面完善我们的制度。

今天，我们正努力把劳动从资本所支配的住房、教育、养老、医疗中解救出来，使中国经济向着高质量的制造业方向发展。只有这样做，我们才会在新的历史条件下去重建一个劳动的共同体；只有这样做，我们才能在新的历史条件下，去重建战斗的无产阶级的共同体式的团结。我们的事业是正义的。如果马克思主义是在人的全面丧失的基础上，去展望人的全面复归，那么，这种复归就是在面对资本主义危机的过程中，努力向着劳动的共同体复归。它不是拥抱资本与技术，也不是抛弃资本与技术；它不是简单地全球化，也不是回到资本支配的现代化国家，而是通过利用资本与技术，重建劳动的共同体——劳动人民当家做主的现代化强国。

因此，我们今天需要的不是青年黑格尔派的马克思主义者，而是马克思式的黑格尔主义者。问题不仅是黑格尔所说的劳动创造世界，奴隶创造了历史，而是在克服全面的资本主义危机的过程中，如何创造人类解放的新的政治形式。

马克思之后，西方最伟大的黑格尔主义者是亚历山大·科耶夫，科耶夫在法国开了一个课"黑格尔导读"。他影响了非常多的人，包括现在中文系很流行的巴塔耶以及哈佛的艾伦·布鲁姆都是他的学生。他的《黑格尔导读》已经翻译为汉语。

科耶夫与马克思的共同处，就是把黑格尔思想的空谈部分抛弃，紧紧抓住了黑格尔的现实部分，包括现代国家和"世界国家"建设理论。他在第二次世界大战以后参与到戴高乐政府里，任职于经济部，给戴高乐提了一个法兰西共和国的重建方案，这个方案首先是从马克思说起的。马克思认为，尽管资本主义社会创造了巨大的财富，但劳动者阶级却几乎什么都没得到，这个资本主义是单赢的。这个体系放在世界又是单边的，因为只有少数西方资本主义国家是赢的，全世界都是输的，是赢者通吃的。全世界无产阶级处在一个零和博弈的体系当中，这个体系比马尔萨斯说的还残酷，它不仅仅是一个几何级数字的差异，而是完全的"zero"。

科耶夫说，如果用黑格尔的"承认的政治"看欧洲，欧洲无产阶级为了争取承认而进行的斗争，在20世纪已经取得了胜利。无产阶级是整个经济发展的局部和代价，劳动是整个资本增值的一个代价，马克思这个说法，在二战之后，起码从欧洲和美国来看是不对的，除了在苏联。苏联劳动人民的收入没多大提高，但是，欧洲不一样，西方国家的劳动收入是在提高的。欧洲的自由民主国家逐渐走向福利国家，无产阶级的劳动得到了资本的承认，这是黑格尔理想的实现，这是对黑格尔劳动共同体思想的回归。

特别是美国的福特制度，福特制度的核心，是让所有的生产者成为消费者。福特公司制造汽车的员工成为自己生产的汽车的消费者，同时推动了美国高速公路发展。所以，从二战后西方的角度来看，从欧洲的情况来看，胜利的是黑格尔甚至斯密，而不是马克思。马克思说的零和博弈的状况没有出现，而逐渐出现了一个接近于双赢（win-win）的局面，这就是"承认的政治"。所谓福特主义说明，为什么凯恩斯是另外一版的黑格尔，资本为什么是可以向劳动妥协的，尽管他只不过是一个通俗版的、经济版的黑格尔。

那么，马克思是不是还有效？科耶夫认为是有效的。我们如果不仅看欧洲、美国，而是看全世界，那么，立即会发现世界上绝大多数的国家，它们都是欧洲发展的受害者和牺牲者。尽管马克思的描述在欧洲和北美，似乎是可以被黑格尔和凯恩斯代替，但是，如果放在世界就不然。发展中国家发展的权利没有得到发达国家的承认，即使二战后那种西方资本主义国家制度，也不能解决发展中国家现代化问题。要解决世界现代化问题，而不是欧洲少数国家现代化问题，联合国和法国应该起到重要作用。

为什么是法国呢？这就与黑格尔的"自由意志"有关。科耶夫说，这个世界上，每个民族都有它的民族精神。俄罗斯的民族精神是东正教的、煞有介事的沙皇小官僚的精神；美国和英国的精神，不过是唯利是图的小业主的精神。如果说自由意志是民族精神的核心，那么，全世界有这种民族精神的可能就是德国和法国。其中法国又有特殊性，法国以它的拉丁文化影响了美洲、非洲和印度支那。法国在非洲有那么多的殖民地，在亚洲、越南也有过殖民活动，对世界欠债很多，法国应该对世界做出更大贡献，应该做出补偿。特别是，作为联合国的常任理事国，法国应该承认新中国对自己发展道路的选择，法国应该和新中国站在一起，在当今世界做"承认的政治"的表率。法国作为发达国家，中国作为发展中国家，都应该贯彻黑格尔的精神，创造一个彼此承认的世界共同体。具体方案是：发达国家应该把它的资金、技术无条件地转移给发展中国家，而这就叫作联合国发展计划。

在西方国家中，最早和中国建立友好关系的是法国。我们北大早期的留法勤工俭学运动，推动了马克思主义在中国的传播，周恩来、邓小平都是法国留学生。邓小平十六岁赴法国勤工俭学，在那里接受了马克思主义。

上世纪50年代，戴高乐总统曾不顾西方阻挠，坚定发展中法关系，只可惜他去世了，不然可能要到中国访问。60年代以来，萨特等许多法国知识分子来中国，支持中国的主张。今天的中法关系也是在联合国发展计划过程中提出来的，中国和法国除了文化交流以外，在科学技术方面的交流是最多的，北京航空航天大学有一个中法工程师学院。今天大家没听说过法国在技术方面封锁中国吧？这次"一带一路"的会议，发达国家一个都没来，就来了法国。中法合作是以新型工业化为基础的合作。

为了在世界范围内达到承认的政治，科耶夫的说法是：世界需要一个福特，需要一个世界性的福特计划，需要一个现代化的共同体。发展中国家的发展，它们财富的增长对于欧洲发达国家是正向的。在专制集权的条件下，专制者和老百姓财富的增长是对立的关系；而在民主国家，老百姓财富的增长和国家财富的增长是一致的，这是黑格尔的观点。如果把它放到世界，发展中国家的经济发展对于发达国家的经济发展也是正面的。

亚历山大·科耶夫活着的时候，有一个德国哲学家跟他争论。这个德国哲学家卡尔·施密特名声不太好，跟海德格尔一样，曾经站错了队，二战期间站到纳粹那边去了。他批评科耶夫说，科耶夫忘记了，所谓承认的前提是斗争，离开了斗争，黑格尔的辩证法就成了古希腊的权术。施密特认为，世界上只有四个辩证法大师，一个是亚里士多德，他的辩证法讲的是希腊城邦里统治阶级之间的力量对比分析；一个是黑格尔，他讲的是欧洲封建贵族阶级与市民阶级之间的力量对比分析；一个是马克思，他讲的是无产阶级与资产阶级之间的力量对比分析；最后一个是毛泽东，他一方面讲了中国社会各阶级之间的力量对比分析，一方面讲了世界范围内，三个世界的划分与三个世界之间的力量对比和分析。按照毛泽东的说法，法国属于第二世界，中国属于第三世界。

施密特说，与上述四位辩证法大师比较，科耶夫的分析太理想，他太卢梭化了，太软，太天真了，他甚至没有达到霍布斯的水平，因此，他远没有抓到黑格尔的精髓，黑格尔思想的实质是斗争。世界的关系恰好不是一个双赢的关系，马克思是对的；世界的关系是一个敌我关系——毛泽东是对的。所以，毛泽东是真正的政治家，他文章的第一句："谁是我们的朋友？谁是我们的敌人？这是革命的首要问题。"

为什么二战以后会出现短期的发达国家向发展中国家的妥协？这是由于两次世界大战和越南、朝鲜、阿拉伯的战争。如果没有美国在亚洲、东南亚打了那么多败仗，如果没有亚洲和东南亚遍地的游击队，美国和西方才不会发这个善心呢，它是因为打不过你了，它才从霍布斯变成了卢梭。

所以，黑格尔主义真正的核心是斗争。如果离开了黑格尔的斗争学说讲黑格尔，那就是纸上谈兵。

对中华文明来说，黑格尔的文化观天然地有好理解的地方，那就是劳动，再就是精英文化、精英治国。但是，也有不好理解的地方，那就是斗争。西方文明是好斗的，中华文明则比较复杂。大致说来，秦汉唐一千年，中华文明的道路是耕战，也就是秦所奠定的"农战"，犯强汉者，虽远必诛。"秦时明月汉时关，万里长征人未还"，唐代是个军政府，叫府兵制度。秦汉唐的传统最突出的地方，就是毛泽东所谓我们自古以来，中华民族有同自己的敌人血战到底的气概。不过，宋明清后一千年，中国的传统变了，由耕战变成了耕读，由耕读变成了读书做官，学而优则仕。从那时起，与其说我们的文明有和平性，还不如说，自宋代以来，中华文明什么都有，就是缺乏斗争性。

如果从黑格尔自由意志的角度看我们的文明，那么，宋明清以来一千年，我们这个文明最缺乏的就是斗争精神。宋明理学是世界上最早的哲学，但这是韦伯说的和平的哲学，而黑格尔的哲学恰恰是斗争的哲学,这是很大的不同。

马克思主义给中华文明带来了什么?简单地说,当然是自由意志,但是,这种自由意志,不是中国的自由主义者们所谓的市场经济、抽象的自由民主,而是斗争精神。鲁迅说,马克思主义是最明快的哲学,明快就在于"斗争"二字。

实现伟大梦想,建设伟大事业,必须进行伟大斗争,这是马克思和黑格尔教给我们的东西。或者说,是马克思和黑格尔的斗争辩证法,激活了我们文明的基因,使我们从俯首帖耳听话的宋明清,回到了不爱红装爱武装的秦汉唐;从恭恭敬敬的理学,回到了发愤图强的经学,从而把中华民族的富强基因,与马克思主义的人类解放思想结合起来。

弘扬传统,不是弘扬士大夫文化,更不是弘扬黑格尔的精英文化。

无论对马克思还是对黑格尔来说,文化的核心都是自由意志,离开了自由意志讲文化,这是完全的莫名其妙。比如说,好多人干脆直接让马克思和孔子两个人聊聊,还做了一个节目,让孔子给马克思讲道德,讲儒家伦理。他俩怎么能聊到一块儿去!离开了西方哲学社会科学的传统,怎么能讲马克思主义?马克思说,西方的古代所有制形式是战争掠夺,中国古代所有制形式是农耕，让武士与农民聊，那就是鸦片战争。马克思说过，所谓西方的文明人讲的是贱买贵卖的特权，所谓中国的野蛮人讲的全是道德，这怎么聊？

如果离开了自由意志去一般地讲文化，那就分不清文化里面的精华与糟粕。当然，中国有非常强的治国理政的经验传统，但是，离开了马克思主义，你就不能看到其中什么是精华，什么是糟粕。放在世界历史上，有哪一个国家，无论是德国、法国，还是美国，有这么长的治国理政经验？我们每个王朝都有两三百年的历史。气数尽了还在那倒腾，鸦片战争之后，清朝又倒腾了几十年，但是，还是失败了。我们甚至可以看到，这个治理传统在中国最后一个王朝——清王朝也达到了很高的水平。清王朝的上上下下，特别是它的几任皇帝，除了溥仪这个不着调之外，每一个皇帝，包括光绪在内，无不殚精竭虑，以国家为己任。清朝后来的中兴之臣，无论曾国藩、胡林翼、左宗棠，还是李鸿章，都是极有见识之人，士大夫官僚把中国治国理政的遗产几乎运用到了极致。但是，精英这么长于治国理政，帝王将相这么殚精竭虑，也并不是所有的人都贪污腐败，我们为什么会落到近代这个境遇？

为什么君主立宪，在日本成功，在德国成功，在中国就不能成功？我们学习中华传统文明，继承我们自己的治国理政经验，这里什么都有，但是，它缺了最关键的一项，这一项是什么？是自由意志，是为了人的主体性——人民的主体地位而斗争。

如果离开了马克思主义，离开了自由意志的追求，离开了斗争，这种文化空谈基本都是胡扯。必须认识到：我们无论有多少治国理政经验，但历代王朝和清王朝有一个问题，那就是开口做奴才如何如何。而这就是黑格尔说的，这是一种内心的奴隶制，这才是没有自由意志啊。鲁迅说，几千年来，没有真正的人啊！

孙中山先生进行共和革命，孙中山先生怎么革命呀，他只不过是表达了一个共同的心声：我们从此内心里不做奴隶了，大家一起做国家的主人。中国最根本的革命，就是人民有了自由意志，我们所做的就是颠覆这个阿Q的精神（内心里做奴隶）。鲁迅说国民性与奴性，这是从自由意志的角度看的，人民当家做主，马克思主义是文明复兴的魂，离开了这个魂，只是讲那个根，是不行的。

我们中华文明、中华民族是有"自由魂"的，民族复兴，就是魂兮归来。鲁迅说，我们几千年来，就是瞒和骗，近代以来更不像话了，日本人骗我们，巴黎和会西方列强骗我们，北洋政府袁世凯帮着日本人、西方人骗我们自己的老百姓。读书人、知识分子怎么样？吹牛皮说假话，政府给几根骨头，就在那里厮咬，帮着反动统治阶级骗青年、骗学生。一个大饼画出来，日本人、西方列强说，你中国这样做，将来有好处，你不这样做，你要吃苦头。政府也是这样告诉老百姓，老师也是这样骗学生，软硬两手，这不仅是瞒和骗，而且是要挟，是绑架，根本是取消你的自由意志。

所以，到了1919年，日本人笃定北洋政府不敢不接受《二十一条》；西方列强笃定北洋政府不敢不在巴黎和会签字；北洋政府笃定老百姓不会管这种事；北大的校长和老师们笃定学生会听话，笃定他们不敢造反，笃定他们都会老老实实找工作，不敢胡作非为，更不敢火烧赵家楼。

因为他们也知道中国有一切好的东西，包括治国理政的精深规范，有完善的治理体系，而且，他们更笃定，这一切里面，就是没有独立之意志，自由之思想。

但是，他们想错了，那个时候，黑格尔已经去世了，马克思主义已经产生了。十月革命一声炮响，给中国送来了马克思列宁主义，新文化运动一声呐喊，给我们带来了自由意志、独立思想。

有了马克思主义这个魂，我们这个根才能焕发生机。这就是根脉与魂脉的关系吧。

从那时起，为了争取民族独立、人民自由幸福，为了建设一个富强、民主、自由的新中国，中国人民开始了完全不同的奋斗。在五四运动的基础上，中国产生了共产党，共产党人成为中国现代建国运动的新的主体，共产党人的哲学就是斗争。

为了这一切，我们要感谢黑格尔和马克思；为了这一切，我们需要重读黑格尔，重读马克思。

第三篇

马克思

一 —— 马克思家族的犹太背景
二 —— 民族国家与宗教自由
三 —— 良心与债务
四 —— 意大利共和国与债务税收
五 —— 从马克思到尼采，从法国到美国

第三篇
马克思

哲学社会科学的基本方法，有三个方面：

一个是经济学的方法，所有制问题与法学的所有权问题是一个问题，经济学的方法渗透于方方面面。

第二是政治学的方法，权力分析与权力分配，政治学与社会学都是关于权力结构的学说，权力分析的方法渗透于各个学科之中。

第三是生命科学的方法，它把人类社会、人类文明视为一个生命体，去观察它的遗传与变异，例如：精神分析的方法，社会病理学的分析方法，症候分析法，对于疾病的研究，渗透于各个学科之中。

马克思本人的研究方法，其实是上述三个方法的有机统一，这是他最为特殊、最为天才的地方。特别是第三种方法，即生命科学的分析方法，体现在他早期的《论犹太人问题》，以及晚期的《路易·波拿巴的雾月十八日》之中。过去，很少有人去注意马克思在这方面的贡献，马克思这方面的贡献，对于弗洛伊德、列维－斯特劳斯有很大影响，可谓继往开来。

如果从生命科学的视野出发，把资本主义看作一个文化的生命有机体，那么，怎么观察它的遗传与变异呢？马克思的看法是：资本主义文明是从基督教里变异出来的，而基督教又是从犹太教里变异出来的，其中，新教改革对于"解放信贷"起了尤其关键的作用。但无论怎么变异，其基本细胞没有变化，资本主义文明里，带着犹太教与基督教的基因。

众所周知，马克思把商品看作资本主义的细胞，同时，他也从基督教与犹太教里寻找资本主义的基因，所以，他在《资本论》里说，研究资本主义，不能用数学、物理和化学的方法，只能用生命科学的方法。

《论犹太人问题》是马克思运用生命科学的方法，研究资本主义的一个典范。

今天，我们很少注意到马克思最擅长的生命科学的分析方法，于是，我们就说，马克思主义经济学，立足于分析19世纪的英国资本主义，它的一个来源就是英国古典经济学。这当然是没有问题的，但是，这却矮化了马克思主义经济学。马克思主义有更为宽广的历史维度，他在《资本论》中说，16世纪的世界贸易，开始了资本主义生活的世界史，在这之前，14世纪的地中海城市国家所建立的债务税收方式，也为资本主义的形成提供了雏形。这说明，仅仅是从19世纪的英国情况来解释马克思主义经济学，当然是不行的，必须把资本主义的历史起码追溯到16世纪。如果把马克思主义经济学理解为剩余价值学说，这尤其是混同了马克思与亚当·斯密和大卫·李嘉图、萨伊①等人，这显然是没有说服力的。

资本主义的发生不仅是一个西欧或者英国问题，它也是一个世界问题；不仅是一个经济问题，也是一个文明的问题。资本主义经济是与一定的文明传统相联系的，如果不触及资本主义的文明基础，不研究资本主义的历史，而仅仅把它视为一个经济问题，或者说是西欧经济的问题，这还不能说是读懂了马克思。

马克思的《论犹太人问题》的贡献，就在于揭示了资本主义的文明根基，它把资本主义关系追索到犹太教与基督教，把

---

① 萨伊（Jean-Baptiste Say，1767—1832），法国经济学家，古典自由主义者，古典经济学的代表人物。

资本主义国家形态，一方面追溯到新教改革，一方面追溯到1400年的意大利共和国。这样的视野，不但是英国古典经济学所未见，也是古典经济学所未见，更是新古典经济学所没有的。

李大钊早就说过，世界上真能读懂马克思的人，不会超过五十个，如果你搞不清马克思的思想，搞不清他的知识体系，而去照搬他的那些词句和具体论述，那就没有什么意义。

1·拉比犹太教传统

《论犹太人问题》这篇文章是马克思在1842年写的，那时他才二十六岁。

了解马克思，就得了解他的出身。马克思出身于犹太拉比之家，他的母亲罕莉亚这个家族来自现在东欧的捷克，祖祖辈辈都是犹太教的大拉比。

犹太人有两个鲜明特点：一、聪明智慧，对人类文化知识发展做出了极大贡献，马克思、爱因斯坦、弗洛伊德，都是犹太人；二、犹太人善于经商，马克思的姨妈和姨夫创立了著名的荷兰飞利浦公司。

上述两个特点之造成，我以为首先是因为在历史上，犹太人长期就没有国家，他们于是不必考虑繁杂的治国理政问题，所以，就把聪明智慧集中到了文化与商业两个方面。如果人类文明发展有分工，那么犹太人从历史上看，就不是一个"政治民族"，他们不是从政治上发展自己，而是从文化与商业上发展自己——无论这究竟是犹太民族的长处还是短处，这是历史发展造成的一个客观的事实。所以，所谓"犹太复国主义"，恰恰在犹太人的传统里是无厘头的，并不是所有的犹太人都赞成犹太复国主义。

犹太人最早生活在地中海与小亚细亚交界处的新月形地带（黎凡特地区），被夹在强国之间。先是被埃及掠夺为奴，巴比伦王朝允许他们回到耶路撒冷，然后，它就是亚历山大的希腊帝国和新兴的罗马帝国争权夺利的牺牲品。

犹太人原本居住的犹地亚是罗马帝国的一个行省，因为犹太人老闹造反起义，公元70年的时候，罗马人干脆摧毁了犹地亚的犹太圣殿，并把犹太人从犹地亚赶出去，这是犹太人流亡、流散的开始。

犹太人有经，叫《托拉》，这是《旧约》的前身，讲的是犹太人的历史、神话，也是犹太人的律法，这个经，类似于我们的《春秋》。从公元70年起，犹太人的政权就没有了，居住地也没有了，犹太人一无所有，成了世界上没有国家归属的人。

他们就剩下一个经，于是，犹太人的领袖就成了研究经的人，这就是拉比。拉比的意思是"学者""老师"，如果用中国的尊称，就是"夫子"。

也就是从那个时候开始，犹太人（被迫）产生了一种想法，这是一种对于国家政治乃至政治共同体的疏离感："城市、圣殿膜拜和政治主权可有可无，体现在《托拉》和不断增加的宗教律法中的宗教传统则必须保证。……拉比们将学习《托拉》置于犹太宗教生活的中心，从而在无意中为犹太文化日后专注于各种智力活动奠定了基础。"①

与我们的孔孟不同，与西方的柏拉图、亚里士多德不同，犹太人认为，土地可以没有、城池可以没有、政权可以没有、官吏可以没有、圣殿可以没有——于是祭司这个阶层也可以没有，但是，《托拉》不能没有，教《托拉》的教师——拉比不能没有。反过来说，只要经可以保持下去，知识、智慧和思想可以保持下去，犹太人就能绵延不断，这就是马克思所谓犹太人文明"顽强的历史"。

---

① [美]雷蒙德·P.谢德林《犹太人三千年简史》，张鋆良译，浙江人民出版社，2020年，第54页。

在这个世界上，犹太人一无所有，政权、土地、家园、圣殿、财产什么都没有，但他们唯一拥有的就是思想和知识，拉比犹太教，就是这样，以学者和教师为核心，建立起来犹太社区或者犹太社会。而马克思后来说，无产阶级没有祖国，因为一旦有了人类解放的思想，他们就将拥有整个世界——这实在是典型的犹太拉比的思路。

这就是为什么犹太人对于政权不感兴趣，但对于掌握知识、智慧、思想最感兴趣。通过创造思想、知识和智慧来统治世界，这就是犹太人的传统，而马克思就处于这个传统之内。

犹太人的第二个特点是对金钱的敏感。

中世纪基督教世界，犹太人没有土地，但却有一个特权，就是经商和放债。在全世界的文化中，放债都会被鄙视，但社会又需要借贷，犹太人有放债的特权，却又为社会承受放债的代价。

"经济"这个词，在希腊语的意思就是"家政"，中世纪以来，犹太人的职业就是给统治者管理家政，犹太人作为货币经营者与管理者的形象，就是这样历史地形成的。

总之，犹太人的特点有两个：一是强调读书；二是数千年家业无非"放贷"。

进入现代社会以来，犹太人翻身得解放，在重商主义和自由贸易时代，搞钱是硬道理。自中世纪以来，犹太人的专业就是替统治者"管钱"，于是，赶上现代社会，犹太人就成香饽饽了。世界上主要银行和金融系统都掌握在犹太人手里，到了这个时候，犹太人就不能说是除了思想啥也没有了，犹太人有了钱就有了一切，能管钱就能管全世界。所以，马克思说，资产阶级"拜物教"统治了世界。

二十六岁的马克思看明白了一件事，就是"搞钱"势不可挡地成了世界大势。在他看来，世界上的一切执迷，犹太人的一切噩运，也都是源于"放贷"。于是，他从反思犹太教出发，反思和分析资本主义的金钱拜物教。

马克思不是在真空环境里长大的，他是从一个很著名的犹太家族里成长起来的。如果说读书与放贷是犹太人的两大传统，马克思在选择职业时，无非选择了前者，深刻地反思了后者。其实，马克思的青年时代处在重要的历史转折的关头，他年轻时代是可以有多种选择的，比如说，他可以去做律师，他父亲就是律师；他可以去做生意，他母亲的家族就是做生意的；他可以去做官，他的一些同学都做了官，还是很大的官。很奇怪的是，马克思一生什么职业都没有，他的一生都沉迷于写作和思考中，就这样度过了一生。表面上看，这是非常另类的，马克思青年时代的选择，似乎是非常特殊的选择，但是，如果你把他放在犹太传统里面去看，其实一点也不另类，因为在拉比犹太教传统里，最高的职业就是学者与老师。

2·民族国家与宗教自由

这篇文章的写作背景是，马克思在柏林大学法学院学习的时候，对法学院的"青椒"布鲁诺·鲍威尔《现代犹太人和基督徒获得自由的能力》一文做出回应，这文章就是《论犹太人问题》。

文章表现了马克思的文明史视野，为西方文明的发展提供了一个简要而清晰的描述，这就是 —— 从犹太教到基督教，再到资本主义拜物教。

从文明史的视野看，资本主义不仅是一种"政治制度"，因为资本主义这种政治 — 经济体制，是建立在西方文明的基础之上的。马克思用辩证法把西方文明画了一个线索，把资本主义纳入西方文明的历史发展之中，这是他这篇文章最独特、最核心的地方。

这篇文章是以手稿的面目存在的，与今天的博士生、博士后不同，马克思那个时候的大学没有 SCI 考核的压力，因此，马克思很多的论文都是手稿，不是为了发表而写的——这个文章也是，纯粹是为了讨论问题而写。我们今天就没有这样的深邃讨论的风气，这很遗憾。

鲍威尔《现代犹太人和基督徒获得自由的能力》一文的问题可以概括为：政治解放与宗教解放，现代民族国家与宗教自由。

宗教信仰自由为什么与现代民族国家有关系呢？因为欧洲现代民族国家是在宗教战争之后产生的，它的结果就是政教分离。对于现代民族国家来说，宗教是次要的，爱国，乃是爱你自己的神的前提。换句话说，只要你爱国，可以随便爱你喜欢的神。这就是信仰自由。

现在欧洲的国家已经是世俗的国家，即宗教自由国家，人民都是公民，无论你信仰什么宗教，前提就是你在政治上是国家公民。把人民从教会里解放到国家中，从教民解放为公民，这就是人的政治解放。这就是历史主体的变化：从大写的神，到大写的人。

但是，鲍威尔说，在这个政治解放（实质上是建立民族国家）的道路上，犹太人表现得比较冥顽不化，他们还是抱着他们自己的那个神不放。现在欧洲大部分人民都解放为国家公民了，只有犹太人还是教民，还是把自己的神放在第一位，而把国家放在第二位。犹太人的冥顽不化就在于，他们认为，只要你相信犹太人的神是唯一的神，你属于哪个国家，认同哪个政权，这无所谓，这个逻辑与宗教自由的逻辑完全是反着的。

犹太人只有爱神主义，没有爱国主义，于是，在民族国家时代，他们就被视为另类，而且是很容易沦为叛国分子的另类。因此，鲍威尔说，德国的问题在于怎样建立一个民族国家，而德国要成为民族国家，面临的第一个问题是怎么完成犹太人的政治解放，让他们成为国家的公民。

鲍威尔也是犹太人，他认为犹太人需要建立国家认同，他说，如今基督徒已经得到解放了，他们现在生活在一个个信仰自由的国家里，他们都已经属于不同的民族国家了，只有犹太教很特殊，他们只信仰他们特殊的上帝，他们还很执着地相信他们这个上帝是唯一的上帝，既然有了唯一的上帝，就不能信仰不同的国家了。所以，他说犹太人没有实现信仰自由，没有信仰自由，就是没有从信神改为信仰国家，他们没有爱国主义，只有爱神主义，所以，他们还是没有被解放。

而马克思针锋相对，他反讽说，鲍威尔不懂得，犹太人比基督徒明白得多，他们其实早就解放了，早就自由了。因为犹太人虽然没有爱国主义，但却有"爱钱主义"，你看，现在无论哪个欧洲国家，其实都有一个共同的信仰，那就是信钱。信钱，这恰恰就是犹太人的信仰，而犹太人的信仰，也是现代一切所谓自由人的共同的、真正的信仰。正是从这个意义上说，犹太人早就自由了，早在大家觉悟到只有钱是真的这件事很久之前，犹太人就觉悟到这一点。所以，马克思说，基督徒是用国家的方式解放了自己，犹太人不是用国家的方式，而是用自己的文化传统的方式，早就解放了自己——"犹太人已经用犹太人的方式解放了自己"。

因此，马克思一语中的地说：犹太精神不是违反历史，它是通过历史来顽强地保存下来的。

什么是宗教改革的历史？这个历史的一个重要方面就是解放犹太人。犹太人是什么人？是放高利贷的人，是《威尼斯商人》里的夏洛克。历史上，解放犹太人的办法有两个，一个是拿破仑的取消高利贷，让犹太人可以从事其他国民职业，比如，在拿破仑时代，马克思的父亲被解放为律师。但这条路不通，因为权贵们需要高利贷，需要犹太人。另外一个办法是路德的新教改革，就是任何人和组织，通过其"信用"便可借贷，这就把高利贷解放为信贷，把犹太人解放为银行家。因此，宗教解放、路德改革对于犹太人来说，其实就是"解放信贷"，使高利贷正规化、合法化、制度化、规范化。

犹太人长期被排斥在共同体之外，因为他的生存方式是放贷。犹太人用自己的方式解放自己，就是通过解放高利贷，使信贷合法化，而这是通过新教改革来实现的。

放贷、高利贷问题，是西方文明的一个核心问题，或者说是被基督教道德所掩盖的最为实际的问题。马克思认为，历史发展的动力不仅是政治与经济，也不仅仅是国家这种政治力量，历史发展的最根本动力是文明，在国家等政治力量面前，文明表现出更为顽强的力量。

在这里，马克思谨慎、细致地区分了国家与资本主义，这就是他超过黑格尔的地方。黑格尔认为，资本主义是靠民族国家政治力量的推动才站起来的，马克思不一样，他认为：一方面，资本主义的发展确实借助了国家，采用了民族国家的形式；但是，另一方面，资本主义的发展更借助了历史与文明的力量，这种历史与文明的力量，从欧洲历史看，就是犹太文明所代表的力量。犹太文明不是代表了哪一种政治力量，而是代表了金钱的力量、信贷的力量。欧洲的金钱文化，其根源就在犹太教里面。

马克思尖锐指出:"金钱通过犹太人或者其他的人而成了世界势力,犹太人的实际精神成了基督教各国人民的实际精神。基督徒在多大程度上成为犹太人,犹太人就在多大程度上解放了自己。"[1]

马克思说:实际上,早在欧洲中世纪晚期,起决定作用的也不是抽象的宗教,而是一种与金钱和"理财"有关的宗教,正如在民族国家时代,起决定作用的不是抽象的国家,而是国家里的资产阶级一样。在帝国时代,正是善于理财的犹太人决定着整个奥匈帝国命运,而不是相反。他引用鲍威尔的话举例说:"例如在维也纳只不过是被人宽容的犹太人,凭自己的金钱势力决定着整个帝国的命运。在德国一个最小的邦中可能是毫无权利的犹太人,决定着欧洲的命运。"[2]

这里,马克思说的是法兰克福的犹太银行家罗斯柴尔德家族,这个犹太家族在18世纪崛起。梅耶·阿姆谢尔·罗斯柴尔德是德意志诸侯国黑森·卡塞尔(马克思说的德国最小的邦)的统治者威廉九世的管家。当时的威廉是欧洲最大一笔财富的继承人,拿破仑在耶拿获胜(1806年)后,威廉被流放,但他

---

[1] 《论犹太人问题》,《马克思恩格斯文集》第一卷,人民出版社,2009年,第50页。

[2] 鲍威尔《犹太人问题》,参见注[1]。

把自己大部分财产托付给梅耶在伦敦的儿子拿单经营，拿单为威廉庞大的资产购买了债券，成为伦敦股票交易的中心人物。在法国大革命期间，他又借钱给英国政府，帮助惠灵顿领导的联军筹集军饷，最终在滑铁卢打败了要在政治上解放犹太人的拿破仑。结果就是，拿破仑最终被流放，而威廉结束流放后成为大富翁。

在整个19世纪，罗斯柴尔德家的三兄弟分别在法兰克福、伦敦、巴黎建立金融中心，掌握了整个西欧的金融命脉。

如果说，在帝国时代，决定性的力量在于金融理财，那么，在民族国家时代，决定性的力量则在于工业。而马克思说，在工业领域里，犹太投资人也是真正掌权的，这并不是个别的事实，他引用鲍威尔的话说："各种同业公会和行会虽然不接纳犹太人，或者仍然不同情他们，工业的大胆精神却在嘲笑这些中世纪组织的固执。"[1]

针对鲍威尔的犹太人的"政治解放"，马克思的回答其实也很简单：在现代社会里，公民权其实不是个真正的问题，财产权才是个真正的问题。法条上的权利是一个问题，但有没有

---

[1] 鲍威尔《犹太人问题》，见《论犹太人问题》，《马克思恩格斯文集》第一卷，人民出版社，2009年，第50页。

钱，这是另外一个问题。

进一步说，财产权不等于物权，世界上财产只有作为"理财产品"的时候，它才可以称之为财产。这个问题是不是很好理解呢？我换句最直白的话就是，在北京，房子不是作为物，而是作为理财产品存在的，所以房子可以用来炒，而不仅仅用来住。

同样的道理，一个有美国公民权的贫困美国人，与一个没有美国公民权的犹太银行家，究竟谁能解放谁？

拿破仑一心想解放犹太人，但罗斯柴尔德家族用金融手段，在滑铁卢打垮了拿破仑，你说究竟是谁解放谁？

现在的美国，它的经济命脉完全是由犹太人管理的，这就是马克思的雄辩，这就是他的文风。

3·良心、债务与资本主义经济

信贷问题，这是西方文明中所蕴含着的资本主义基因。如果仅仅从商品这个细胞看，还看不清西方文明中的资本主义基因。在莎士比亚的《威尼斯商人》之后，马克思深入地分析了这个问题。

资本主义文化脱胎于宗教，它把信仰变成了信用，把良心变成了债务，这是一种基因的突变。这种突变是如何发生的呢？良心问题，怎么会变成债务问题呢？

关于良心的问题，其实是在一切高级文化里都有的。良心问题在西方起初就是一个宗教问题，它与上帝有关，而在中国，这是一个哲学问题，具体说是心学的问题。比如说，王阳明反复讲到过良知问题，但是，良知问题不等于良心问题，沿着中国文化的道路，良心问题也不会成为一个债务问题，进而演化为一个信用问题。实际上，除了西方文明之外，在世界其他地方，都没有发生这样的突变——良心问题，变成了一个债务问题，进而变成了一个信用问题，这种变化，只有在犹太教和基督教里发生了。这是为什么？

从历史上看，先有犹太教，再有基督教，那么，它们的区别是什么呢？简单地说，区别在于——犹太教认为，在未来的弥赛亚到来的时候，只有犹太人能得救；而基督教认为，因为耶稣替全人类牺牲了，上十字架了，所以，全人类现在就已经得救了。只要心中有耶稣基督，你在现世里就得救了。

基督教不需要犹太教的那些怪力乱神，只要心中有耶稣，你就在现实世界得救。问题就在于，怎么叫心中有耶稣，难道是向他学习上十字架吗？难道是像耶稣那样为人类牺牲吗？

不是的,那太不现实了,太不符合普通人的实际情况了,于是,所谓心里有耶稣,简单说,就是你念念不忘你欠着耶稣的债,这就够了。

这样,良心问题,就与债务意识挂钩了。

于是,马克思这样说:

> 基督教只是表面上制服了实在的犹太教。基督教太高尚了,太唯灵论了,因此要消除实际需要的粗陋性,只有使它升天了。
>
> 基督教是犹太教的思想升华,犹太教是基督教的鄙俗的功利应用,但这种应用只有在基督教作为完善的宗教从理论上完成了人从自身、从自然界的自我异化之后,才能成为普遍的。
>
> 只有这样,犹太教才能实现普遍的统治,才能把外化了的人、外化了的自然界,变成可让渡的、可出售的、屈从于利己的需要、听任买卖的对象。[1]

---

[1] 《论犹太人问题》,《马克思恩格斯文集》第一卷,人民出版社,2009年,第54页。

我解释一下这段话,马克思的意思是说:要使大多数人得救,靠犹太教的怪力乱神是不行的,那只有靠耶稣一个人牺牲升天。耶稣牺牲之后,把没有上帝的人、没有上帝的世界留下来,而这样的人、这样的世界,因为没有上帝罩着,那就只能听凭犹太人买卖了。

简而言之——因为基督教把我们与上帝的关系上升为债务关系或者信贷关系,所以,犹太人才能以上帝的名义放贷,他们才能把放贷视为上帝的事业,把一个卑鄙的行当,上升为崇高的事业。

更深刻的是下面这一段:

> 基督教起源于犹太教,又还原为犹太教。
>
> 基督教起初是理论化的犹太人,因此,犹太人是实际的基督徒,而实际的基督徒又成了犹太人。[1]

怎么叫犹太人是实际的基督徒,而实际的基督徒又成了犹太人呢?基督教的约束是不实际的,只要心里有上帝就行了;

---

[1] 《论犹太人问题》,《马克思恩格斯文集》第一卷,人民出版社,2009年,第54页。

而犹太人的约束是很实际、很严厉的，这种约束说穿了就是逼债。夏洛克说，欠债不还，就割你身上一磅肉。

基督教无非是说：我们生下来欠了耶稣基督的债，我们就忏悔吧。但是，忏悔就可以消除债务吗？当然不行。只有通过国家的、法律的行为，把忏悔的思想搁置起来、放一边去，才会有处理罪与罚的法律。只有通过法律的惩罚，来代替忏悔罪恶的问题，在这个基础上，犹太教才能把宗教问题，变成一个关于债务的法律问题。

对基督教来说，罪，就是没有良心，没有良心，就是忘记了自己欠了耶稣基督的债。而犹太教所谓有罪，就是违反犹太律法，犹太律法繁文缛节，其中最大的罪、最大的犯法，就是欠债不还。

只有当基督教把人类与耶稣之间的关系转变为牺牲——债务关系之后，犹太教才能把一切人类关系都转变为、理解为债务关系。

在黑格尔那里，人是有自由意志的主体，世界上一切美好的东西，都凝聚着人的自由意志。但是，在资本主义拜物教视野里，人是自私自利的，是懒惰凶暴的，是债务奴隶，是必须受到法律压制和债务压榨的贱民。

马克思说：

> 犹太人的神世俗化了，它成了世界的神。票据是犹太人的现实的神。犹太人的神只是幻想的票据。

> 犹太人的想象中的民族是商人的民族，一般地说，是财迷的民族。

> 在这个自私自利的世界，人的最高关系是法定的关系，是人对法律的关系。这些法律之所以对人是有效的，并非因为它们是体现人本身的意志和本质的法律，而是因为它们起统治作用，违反它们就会受到惩罚。[1]

资本主义社会关系最集中的表现是债务，不是抽象的权力，更不是抽象的物权。新教改革之后，欧洲法律的基础不是建立在物权的基础上，当然也不是建立在自由意志的基础上，而是建立在债权的基础上。这些法律之所以对人是有效的，并非因

---

[1] 《论犹太人问题》，《马克思恩格斯文集》第一卷，人民出版社，2009年，第53页。

为它们是体现人本身的意志和本质，而是因为违反它们就会受到惩罚，这是马克思对黑格尔的一个重要的修正。

从此之后，经济学的问题就不再是一个斯密所谓商品生产与交换的问题。从此之后，经济学只有一个问题，那就是关于信贷的问题，而在新古典经济学里，这就是一个所谓资本的利润与利息问题——这是宏观经济学的核心问题。

这是一个很伟大的发现。直到今天——直到很久之后，我们才了解马克思二十六岁时的这个伟大的发现。

怎样认识资本主义经济？如果把资本主义经济看作商品市场经济，这明显是错误的，因为商品市场经济早在资本主义经济产生之前就有，全世界都有市场经济。

资本主义经济的出发点是信贷，其实质是债务经济，这是马克思二十六岁的时候就指出来的。但是，只是到了20世纪90年代日本经济泡沫破碎之后，才有经济学家提出一个概念叫"资产负债表衰退"（Balance Sheet Recession），随后大家都承认，是债务，而不是商品交换，才是判断、管理资本主义经济的最基本手段。

"资产负债表"(Balance Sheet)是一个什么工具呢？硬译过来意思就是债务与预期收支清单。所谓"资产负债表衰退"，简单地说就是指"信贷衰退"，它表明：信贷资本是资本扩张的工具；负债经营是资本主义经济发展的基本特点，也是资本主义经济发展的基本动力。我们判断一个资本主义经济体陷入停滞、衰退的基本方式就是信贷：如果没有人再借钱，没有人再敢于负债经营了，换句话说，如果没有人敢继续贷款买房、贷款消费了，如果企业家都不敢向银行借钱了，那么，一个直接的后果就是，银行再也借不出钱去了。如果银行借不出钱，那么，银行的作用就没有了，银行也就垮台了，当然，信贷急剧收缩，这就是金融危机。

而资本主义经济昌盛的时候，情况完全相反，就是敢于借钱的人很多，为什么呢？表面上说，是看好经济发展的前景，实际上的原因就是两个：第一，期望借贷买来的产品可以无限涨价，这样不仅可以还利息，而且还可以盈利；第二就是为了圈钱，为了空手套白狼。

资本主义经济的实质是鼓励借贷，但是，无限借贷的后果，当然就是无责任的诈骗。这本是很简单的道理，对这一点，其实这个游戏的设计者与参与者都是知道的，但大家都积极参与到这个游戏之中，这就是人性的弱点，是最根本意义上的自私自利——资本主义很精明地利用了这种人性的弱点。

因此，资本主义社会的实质，并不是亚当·斯密所说的商品交换关系，而是在债务关系的驱动下进行的商品生产与商品交换。

正如放债一定要追求利息一样，资本投资一定要追求利润，投资者与生产者之间，资本与生产、销售之间的关系是债务关系，这是强制性的关系，这种关系不是斯密说的平等交换关系。

马克思说，只有在这种债务关系之下，现代资本主义商品生产与交换才能进行。

> 让渡是外化的实践。正像一个受宗教束缚的人，只有使自己的本质成为异己的幻想的本质，才能把这种本质对象化，同样，在利己的需要的统治下，人只有使自己的产品和自己的活动处于异己本质的支配之下，使其具有异己本质——金钱——的作用，才能实际进行活动，才能实际生产出物品。[1]

在这里，马克思讲的是在一种特殊的社会中，人的劳动、

---

[1] 《论犹太人问题》，《马克思恩格斯文集》第一卷，人民出版社，2009年，第54页。

交换，人的一切商业活动是在债务关系之下进行的，因而是被迫的、被驱使的，而不是斯密所描述的自愿的、自由的。在这个时候，货币不再是一个中介，货币已经成为一个强制的手段，成为和人类的商业活动、经济活动完全相背离的异己的力量。

在这个意义上，马克思重新定义了货币和交换，这个货币关系的实质就是债务。只有作为债务性的货币（信贷）需求的支配下，人们才发展出一种被动性的力量。

因此，这就牵扯到马克思关于货币起源的学说，这个学说其实不难理解。比如，你是一个想要房子的人，但没有钱买，怎么办？那就写张欠条，把这张欠条给银行抵押，银行给你钱，你手里的货币就起源于这张欠条。

大家想想看，你们的工资奖金哪里来的？有人说是学校发的，如果你都博士后出站了还这么想问题，那你书白念了，那就是马克思主义一窍不通。

这是因为你跟单位签订了一个劳动合同，把你的三年时间抵押在这里，三年之后，你完不成工作量，你的一切都没有了。这个劳动合同就是一个契约，你的工资和奖金其实都是借来的，以你的三年劳动为抵押。

异化、让渡、交换、债务——上述关系，是驱动这个现代世界的力量，说白了就是债务契约，卖身契。因此，马克思说的剥削，并不是恩格斯所说的延长工人的劳动时间那种小小的剥削，因为重要的是，在资本家还没有付出工资的时候，这个工人已经事先把他的劳动抵押给资本家了。你是把你的劳动作为抵押物，拿出来做抵押了。

压迫、剥削，不仅是指资本家压迫剥削劳动者，而且是劳动者的自我压迫、自我剥削。因为契约之下，人都要自保，都希望自己上去、别人下去，希望自己超额完成指标、别人考核不合格——用今天的话来说，这就是内卷。

只有面对债务关系，才产生了契约和维护契约的法，债务是资本主义经济的实质。一切资本主义企业都是负债经营的，如果取消了债务，那就取消了信贷，从而取消了资本主义发展的动力。

4·税收与债务

中国也有良知问题，也有良心问题，但是，这种良心发现，为什么没有变成对于债务意识的发现呢？

王阳明一直心心念念的问题是，良知如何挂搭。这其实也是朱熹与陆九渊辩论的问题，那就是良心与良知，如何落地为一种黑格尔所谓的实体，一种具体的社会关系、生产关系、法律关系、税收关系。

中国的良知与良心，没有实现向资本主义的法律关系、税收关系、生产关系和社会关系转变，这究竟是为什么，这意味着什么，这是另外一个问题。这个问题，我们可以放在中国历史研究里面去讲。

现在我们讲，西方是怎么实现这种转变的。

在资本主义经济中，债务是无法被取消的，而经济管理的实质，就是小心翼翼地对债务进行管理。因为现代社会是一个典型的"债务社会"，犹太人擅长放债，所以，就最深刻地理解这一点。

下面我们讲讲什么是"债务税收"。

在中世纪的欧洲，蛮族入侵者住在城堡里，而封建主住在农村，中间的夹层就是自治的城市，马克思说：犹太人生活在中世纪的"夹缝里"。所以，中世纪并不是一团漆黑，因为这是欧洲的城市和手工业行会得到巨大发展的时期。

处在皇帝与教皇统治夹缝里的城市，是两不管地带，城市采用自治的方式，因此，它就面临着一个税收的问题。在这种两不管的自治城市，当局如果强行、直接收税，这是很困难的事。于是，最初便是在威尼斯、热那亚这种城市共和国里，产生了一种借贷收税的方式，具体说就是：城市政府发行债券，强制市民购买，通过这种方式收税。这种强制发行的债券有几个特点：一、无限期还本；二、给5%左右的年利息，如果城市打了胜仗或者经营得好，利息可以提高；三、债券可以拍卖。

一切伟大历史创举都是被逼出来的。历史证明，这种以发行债券的方式来收税的方式，乃是一种划时代的创举，这是在全世界从来没有出现过的一种收税方式，无论是中国的皇帝，还是波斯、伊斯兰的统治者，乃至东罗马帝国的皇帝，都不必用这种软刀子杀人不见血的、如此费尽苦心的方式去收税。这种通过强制购买债券来收税的方式，只有在欧洲中世纪的自治城市里才会发生，而这种方式一旦产生，便使一种债务政治、债务经济或者说债务主导的社会关系得以形成，马克思把这种关系的确立，称为资本主义关系的曙光。

债务关系作为一种主导性的社会关系在欧洲的确立，是在1400—1500年之间，在这一百年的时间里，首先是在威尼斯、热那亚这样的城市共和国率先确立的。随后，在意大利北方的皮亚琴察，产生了世界上最早的债券交易市场和交易大会——

我去意大利访问的时候，专门访问了这个具有历史意义的地方。我估计，很少有中国人去过那里，而皮亚琴察债券交易所，就是今天纽约证券交易所的前身、祖宗。可见，把债务打包起来出售，这不是什么新鲜事物，而是早在五百年前的意大利就出现的事情。

在中世纪，放债是有违道德的事，而威尼斯这样的城市共和国，通过强制购买债券，把债务关系转变为税收关系，使放债合法化。同时，在中世纪，大部分统治者则给予犹太人有放债的特权，让犹太人为教会、为统治者放债。因此，在把税收关系转变为债务关系方面，犹太人在历史上扮演了很重要的角色。而新教革命更进一步，它以解放信贷的方式，使高利贷合法化了。

把税收关系转变为债务关系，或者倒过来，把债务关系转变为税收关系，这是极为重要的转变，也是读懂欧洲现代转变的要害之一。马克思认为，当把市民与政府直接的关系，转变为债权人与债务人的关系之后，才会真正理解所谓民主制度、法治的根源所在——同样的，资本关系的实质不是交换关系，而是债务关系。

债务人与债权人之间的关系，不可能是一种直接统治的关系，而是一种互相绑架的关系，这是民主关系的实质。资产阶级法权的实质，也是债务契约关系，只有在这样的"法制社会"里，债权才是有保障的。

我一直认为，马克思琢磨出债务关系这个理论的原因，首先是因为他是犹太人。也就是从二十六岁这个时候开始，马克思开始真正地面向真实的自己，他开始抓住这个世界的奥秘是什么，社会关系的实质是什么。后来，恩格斯告诉他一些企业管理方面的基础性知识，但在马克思看来，恩格斯知道的这些东西太肤浅了，这些来自厂商经验的知识太肤浅了，因为从那个二十六岁的时候，马克思就开始从一个学法学的学生，逐渐地转向为揭示这个真实的社会关系之实质的学者。

马克思用历史的"顽强"，很形象地阐释了黑格尔晦涩的历史辩证法，解除了辩证法的神秘色彩。当黑格尔把资本主义的兴起与现代民族国家联系起来的时候，马克思则把资本主义精神与犹太教的文明联系起来，他的思路是：要解释资本主义的兴起，最直接的方式是经济，而不是国家和政治。如果说造成资本主义的根源在于一种特殊的经济生产方式，那就需要解释，哪一种文明、哪一种文化，更为直接地导致了这种经济生产方式。

如果说，民族国家与工业化有直接联系的话，那么，在马克思看来，工业化只是资本主义发展的一个特殊的阶段，资本主义的精神传统，植根于一种金钱拜物教。从资本主义发展的角度看，金钱拜物教才是普遍性的东西，但是，从人类历史发展的角度来说，金钱拜物教则是一种特殊的宗教，它最直接地体现在犹太教之中。

鲍威尔说，德国的解放，关键在于犹太人的解放。马克思则认为，犹太人其实早已经解放了，因为犹太人不仅实际上在管理着普鲁士，而且，他还通过处理欧洲各国的债务关系，管理着整个欧洲资本主义体系。

于是，马克思指出，德国的真正解放，是无产阶级的解放，因为在建立现代民族国家的过程中，似乎每一个阶层都不同程度地得到了"解放"，它们多少都得到了些什么，而只有无产阶级什么也没有得到。"解放"对于每个阶层似乎都意味着摆脱锁链，但对无产阶级来说，这种解放本身，就是锁链。

今天有人说，商人们至今也没得到政治解放，他们虽然有了经济地位，但没有政治地位，所以，关键在于给商人们政治地位——这种观点，其实与鲍威尔的观点完全一致。

如果用马克思的话来说，今天真正摆脱了锁链的就是商人，但是，这种解放，今天究竟对于哪个社会阶层意味着锁链呢？这才是一个真正的马克思主义的问题。

我想，这也是我们今天重读马克思的原因。

马克思认为，像犹太人一样，资产阶级是不爱国的，因为资产阶级真正爱的是钱，为了钱，一个国家的资产阶级总是打另外国家的资产阶级，资产阶级是一个在全世界捞钱的阶级。与之相对，马克思认为，无产阶级也不是要建立一个国家，而是要建立全世界的联合。关于无产阶级政权的形式，马克思晚年从巴黎公社中找到了一些灵感，而他和恩格斯一起创立的，是国际工人协会，但这不是一个国家组织。

列宁处在帝国主义时代，即他所谓金融垄断的资本主义时代。列宁主张用无产阶级的暴力推翻资本主义国家，其实他指的是推翻帝国主义国家，因为不用暴力推翻帝国主义国家，就不能制止世界大战。同时，列宁认为，仅靠俄国一个国家不能对抗帝国主义，还需要无产阶级的国际主义，所以，在苏维埃俄国之上，有共产国际。共产国际不能说是一种国家的形式，列宁不是苏联的创造者，而是共产国际的实际上的领袖。因此，普京说列宁不爱国，他说的列宁不爱国，就是指列宁不爱俄罗斯，其实，马克思何曾爱过普鲁士呢？

毛泽东指出，在资本主义发展中，政治与政权问题是最关键的，世界上的资本主义国家都是先夺取政权，建立资产阶级政权，然后才发展生产力，社会主义也是如此。毛主席的这个观点，似乎也是黑格尔的思路，与马克思不一样。

在马克思二十六岁的时候，他就义正辞严地指出，德国的解放、人类的解放，就是指无产阶级的解放，而不是指其他什么东西。毛泽东沉思过什么是"解放"，他非常痛彻地认识到：任何解放当然都会使一些阶级获益、一些人们受损，但我们判断"解放"的最起码尺度就是——不能使无产阶级和劳动人民成为最少、最后获益的那一部分，不能使解放成为束缚无产阶级和劳动人民的枷锁。我们必须用这样的标准去衡量我们全部的事业，所以，他坚持这样的立场：共产党人不能在马克思二十六岁时那个立场上后退。

5·从马克思到尼采，从法国到美国

无论过去还是现在，无论对于西方还是世界，犹太人问题都是一个极为重要的问题。

马克思认为，新教改革是对犹太人的一次重大解放，这次解放，通过把高利贷转变为信贷，即以信用即可换取贷款的方式，不但使高利贷合法化、制度化了，而且，还使信贷逐步占据了西方经济社会发展的核心地位。

这一解放的效果可谓立竿见影，正是在罗斯柴尔德财团的支持下，神圣同盟利用强大的信贷力量，一举打垮了无坚不摧的拿破仑，法国大革命因此落幕。

在神圣同盟胜利的地方，在拿破仑失败的地方，西方历史遇到了滑铁卢，这首先是黑格尔的滑铁卢，当然也是整个西方哲学社会科学的滑铁卢。在拿破仑和大革命失败的废墟上，西方思想不得不冷静地看待这一出乎意料的事变，不得不在这个巨大的滑铁卢式失败面前沉思，而第一个做出这种沉思的人，就是马克思，这铸成了他批判黑格尔的现实背景。

黑格尔是第一个把法国大革命的思想理论化、体系化的人，他期望的最高伦理实体，就是指拿破仑的法国，他说，拿破仑是"骑在马背上的世界精神"。但是，黑格尔的"世界精神"遭遇了滑铁卢，在神圣同盟镇压了法国大革命之后，历史没有按照黑格尔设想的方向发展。

在马克思写作《论犹太人问题》多年之后，尼采在《论道德的谱系》中，从另一个方向揭示、反思了这种西方文明的滑铁卢。他说：黑格尔的辩证法描述了奴隶在劳动中，通过自我教育改造世界的过程，在这个过程中，劳动的自由意志战胜了不劳而获、无所事事的主人道德。但是，在拿破仑战争被神圣同盟镇压之后，西方历史向着黑格尔完全没有预料的方向发展。在这之后，的确是奴隶道德胜利了，而主人的道德失败了，但是，这里的奴隶道德不是指劳动者的自由意志，而是指犹太人的道德，是指放债人的道德。尼采意义上的奴隶道德战胜主人道德，是指西方的自由意志完全被犹太教的道德所征服。

如果说，在新教革命之前，西方的自由意志即所谓强力意志体现在日耳曼的精神里，这种精神体现在劳动与斗争之中，那么，在新教革命之后，放债人——犹太人取代了劳动的武士，成为西方文明的统治者。

由于这种取代，自由的含义改变了，公平正义的含义也改变了。所谓公正，所谓公平正义，无非建立在这样的信念之上，所有的债务都是需要偿还的，而且必然能够清偿。随之而来的就是：所有的东西都是有价格的，所有的价值都是可以通过数字来表达的，所有的债务都必须明确记账，以备将来清算。这就是《威尼斯商人》里夏洛克的价值观，它体现为放债人的律法即夏洛克的律法。随着价值观和法律的改变，经济学的意义也改变了，它不再以劳动和生产为核心，而是以信贷与债务为核心。

尼采说，基督教是奴隶的宗教，也是关于奴隶报复的宗教，是"怨恨"的宗教。因为上帝说，申冤在我，我必报应。犹太教不但是关于报复的宗教，而且是通过恶法来报复和惩罚的宗教，它放债，并记下每一笔债务的利息，它让负债者等待最后的清偿，而这种清偿也许永远不会到来。于是，它使负债者处于等待的内疚、内卷、焦虑与恐惧之中，用这种永无尽头的内疚、内卷、焦虑与恐惧去折磨他们。犹太教的上帝是怎么折磨罪人的呢？答案是：让他等着。

柏拉图说，哲学就是回忆，就是对前世的回忆，历史本身就是记忆，而动物则是快乐的，动物快乐的根源就在于它没有记忆。人之所以是不幸的，之所以是不快乐的，不仅是因为人有哲学、有历史、有道德，更是因为人不得不记住他欠的债务，而犹太道德就是不断强化你的债务记忆。

而没有历史，没有记忆，反对犹太人道德，乃至反道德，这就是通往快乐的大门。

于是，尼采这样说，只有一种方法能够对付这种犹太人的道德，那就是彻底地反道德，彻底地丧失心灵的深度——这就是遗忘。在这个犹太人道德统治的世界里,通往快乐之门的道路,就是遗忘,就是对债务的遗忘。

反对道德,就是反对犹太人道德,这个基本态度就是遗忘,也就是根本不去想我欠了多少债,或者说,就是根本没有债务意识或者债务记忆。

这当然是尼采的愤激之词,但尼采没有想到,世界上有一个国家,竟然可以这样做。而这个国家就是美国。

在《论犹太人问题》的最后,马克思也讲到了美国,他说,在欧洲人看来,美国人似乎是完全不可理解的,因为美国一方面规定宗教自由,但另一方面,美国人都相信一种教,那就是商品拜物教。在美国这样的世俗国家,宗教不仅仅存在,而且是生机勃勃的、富有生命力的存在——这是因为,宣讲福音本身,基督教的教职,都变成了商品。

这就是马克思的风格,他其实很幽默:

> 你看到的那位主持体面的布道集会的人,起初是个商人,经商失败以后他才成了神职人员。另一个人,起初担任神职,但当他手里有了些钱,他就离开布道台而去经商牟利。在大多数人的眼里,神职真是一个赚钱的行业。(博

蒙，前引书第185、186页）[1]

例如，汉密尔顿上校说，在这尘世间（他说的是美国新英格兰地区，新英格兰在美国东北部），"他们除了要比自己邻居富有而外，没有别的使命。经商牟利占据了他们的全部思想。变换所经营的货品，是他们唯一的休息。比如说，他们在旅行的时候也要背上自己的货物或柜台，而且所谈的不是利息就是利润。即使他们一时没考虑自己的生意，那也只是为了要探听一下别人的生意做得怎样"。[2]

美国不仅规定宗教自由，而且，美国还宣布不与财产出身挂钩的身份平等，但是，这实际上就是不为发财和贫富分化设置上限。这意味着：无论你多么有钱，无论社会贫富分化多么严重，这都不是问题，美国宣布的平等，恰恰是为了容忍最大程度的不平等。

于是，马克思说，犹太人应该最适合美国，因为犹太人的神就是钱，美国人的神也是钱，美国的国教就是商品拜物教。

---

[1] 《论犹太人问题》，《马克思恩格斯文集》第一卷，人民出版社，2009年，第51页。

[2] 同上，第50—51页。

而且，美国人是移民构成的国家，美国人没有故乡，犹太人也在全世界流散，他们也没有故乡。

马克思预言说，在黑格尔的革命法国倒下之后，代表着所谓"骑在马背上的世界精神"的那个国家，最有可能是美国。

但是，美国是不是一个犹太人的国家呢？马克思并没有给出答案。

给出答案的人是尼采。在《论道德的谱系》里尼采提出了一种新道德，这种新道德是作为犹太人道德的对立面而提出的，它的原则是快乐，而不是"怨恨"。当然，当年愤愤不平的天才尼采并没有想到，这种道德的载体——伦理实体——就是美国。

如果按照马克思的思路，美国就是一个犹太人掌握的国家，因为这个国家的根本动力就是信贷。人们说美国是世界中心，其中最主要的方面是——美国是世界金融中心。

但尼采与马克思不同，虽然尼采没有讲到美国，但是，按照尼采的思路，美国代表的恰恰是尼采所说的新道德。这种新道德的实质就是反道德，特别是反犹太道德，而这种反道德的核心就是追求快乐。美国的精神与其说是追求自由，还不如说是追求快乐。

什么是快乐的哲学、快乐的道德、快乐的价值观呢？尼采说：快乐的前提是遗忘，所谓遗忘，一方面是及时行乐，一方面就是永远面向未来，投资未来，透支未来。

弗洛伊德曾经访问过美国，他为美国人的人格而震惊，他说，美国人没有心灵深度，没有内疚感，美国人所有的力比多都是外向的，要么是发财，要么是攻击别人。与其说美国没有历史，还不如说美国人厌恶历史。所谓有漫长的历史，在许多文化里都是值得骄傲的事情，但是在美国人看来，那不过就是有漫长的记忆，有漫长的苦难。因此，历史丝毫不能打动美国，有漫长的历史无非是有沉重的包袱与负担，因此，在美国人看来，这并不值得尊重。

美国人主张向前看，这在《飘》的结尾中有着深刻的表述。破产后的郝思嘉只是哭了一下就大笑起来，她说："明天太阳照旧升起，一切等明天再说吧！"美国人主张遗忘，大多数美国人自从到达新大陆那一刻起，就把故乡抛到了九霄云外。中国人的"乡愁"对于美国人来说是一种不可理解的东西，登上新大陆就仿佛喝了忘川水，而这种遗忘，最根本上说是对债务的遗忘。

什么是美国的道德？我们可以这样说——美国道德，乃是马克思所谓的犹太人道德与尼采的新道德的奇妙混合。一方面，美国极大地利用了犹太人的文化，从而造就了极为发达的信贷体系，以此成为世界金融中心；但另一方面，所谓犹太人的道德对于美国本身完全不起作用，所谓美国人"心大"的意思，不仅是指其没有内在深度，或者说没有内心，而且是因为美国人根本没有把负债当回事。

从这个意义上说，马克思的犹太人道德与尼采的新道德，只是分别说中了美国的一个方面。实际上，犹太人并没有统治美国，恰恰相反，美国只是利用了犹太人，使犹太人的工作服务于美国的快乐——美国的快乐原则与快乐道德。通俗地说，犹太人在美国的地位，其实只是个账房先生或者信贷员，只是负责记账而已。世界上没有一个国家能像美国那样，欠了一屁股债而理直气壮、得意扬扬，世界上也没有一个国家，在不断借债中表现得如此欣喜若狂。

在世界上，不但没有任何一种力量包括犹太人敢于向美国逼债，而且，美国从来没有因为负债而感到过道德的内疚。恰恰相反，犹太人应该在美国面前感到内疚才是——如果没有美国罩着他们，如果不是美国在世界上拉偏架，他们恐怕早就被种族灭绝了。

按照马克思的设想，以资本和信贷扩张为动力的资本主义早就该灭亡了，但是，他似乎没有想到，美国是怎么通过犹太人来管理信贷与资本的。正如尼采根本没有想到，那种把负债根本不当回事的新道德，会落实为一个基于快乐原则的伦理实体——美国。

从建立在自由意志之上的伦理实体，到建立在经营债务的快乐原则之上的实体；从自由法国，到"自由"美国，这是一次巨大的转变。当托克维尔带着法国大革命的理想与沉思去考察美国监狱的时候，他深深地意识到：西方的自由伦理经过新教伦理，走向了美国式的资本主义，而欧洲的时代，就是这样让位给美国的时代。

我们下面要讲解的西方哲学社会科学名著，基本都产生于这样一个特殊的国家——美国。

第四篇 熊彼特

一——市场经济与资本主义的区别

二——企业家精神

三——信贷和资本

四——企业家利润

五——资本的利息

六——经济周期

七——资本的起源与西方文化传统

第四篇
熊彼特

约瑟夫·熊彼特恰好是在马克思去世那年出生的,他正好比毛泽东大十岁。

1883年,熊彼特出生于奥匈帝国摩拉维亚省(今捷克境内,故有人又把熊彼特看作美籍捷克人)。1901—1906年,他就读于维也纳大学,攻读法律和经济。1918年,熊彼特出任考茨基、希法亭[①]等人领导的德国社会民主党"社会化委员会"顾问。1919年,他又短期出任由奥托·鲍威尔等人为首的奥地利社会民主党参加组成的奥地利混合内阁财政部长。1925年,他还短期任教于马克思的母校——波恩大学。1932年熊彼特迁居美国,任哈佛大学经济学教授,1950年在美国去世。

---

① 希法亭(Rudolf Hilferding,1877—1941),奥地利社会民主党、德国社会民主党和第二国际首领之一,奥地利马克思主义重要代表人物之一。

他的一生，形象地勾勒出经济学从欧洲到美国的转变。

经济发展的根本动力在于创新，这一观点是熊彼特在《经济发展理论》一书中提出的。

熊彼特的经济发展理论不是发展经济学。发展经济学讲的是现代化发展，经济发展理论讲的是怎样摆脱经济危机，这二者绝对不能混同。更进一步说，经济发展的意思，一是如何打破市场经济的静态平衡求发展，二是如何摆脱经济危机的下行周期求逆周期发展，它不是一般地讲现代化发展、赶超发展，等等。

与经济发展理论相关的问题是：信贷的作用，如何正确理解投资与债务，如何理解投资与债务的主体——企业家，以及在应对经济危机的过程中，制度改革与制度创新是指什么，等等。

经济发展理论的理论起点或者基础有二：一个是对市场经济一般均衡理论的批判；再一个是对经济危机理论的思考。这两个方面都来自马克思，因此，讲熊彼特，就必须与马克思联系起来讲。

最后，结合西方文化的发展，讲马克思开辟的货币理论对于熊彼特以及古典经济学的影响。

以上是这节课的大致出发点。

关于熊彼特,大家最通俗的了解就是创新,或者说一个词——创造性的毁灭,当然,更著名的是他的企业家理论(企业家创新理论)。我们经济学院的一般讲解,其实主要是通过这两点来讲熊彼特:第一,经济发展最重要的是创新;第二是企业家的理论。企业家是经济创新的主体,更具体说,企业家会带来什么呢?带来新产品、创造新市场、攫取新能源、创造新的经济组织形式。大概是这四点,除此之外没有了。

熊彼特是一个出生于东欧的马克思主义者,起码早期经历是这样,但一般经济学教材里都没有讲他这个背景。萨缪尔森的经济学教材里讲了他的一些小故事,说他怎么立志成为欧洲最著名的一个情人,但这些都跟他的学术贡献、理论背景没有什么直接关系。如果他的理论这么简单的话,那就几乎不值得我们去研究了。

熊彼特的思想,只有放在西方哲学社会体系当中,特别是马克思的思想传统里,才会看出他的重要性。甚至只有放在西方语言中,才能理解他的力量。熊彼特的著作实际上不长,但《经济发展理论》的翻译者采用的是硬译,用英语语法而不是用汉语语法,总是把一句话里重要的内容放在后边,这样一来,汉语的读者就不太容易抓住他的要义。

总体来说，他的出发点和问题意识，其实并不在大家几乎都知道的创新和企业家理论，而首先在以下两条。第一条在于，他区分了市场经济和资本主义，这是他最大的贡献，虽然他是用非常晦涩的方法来区分。第二条在于，资本主义为什么发生在欧洲，欧洲为什么是资本主义的沃土，这个问题放在全世界都是一个重要问题。以至于韦伯说，全世界都有市场经济，但为什么在欧洲，只有在欧洲，才发生了资本主义。

顺着这个判断，才有了那个尽人皆知的问题：企业家和创新精神在经济发展中的作用。但更重要的问题在于，他把讨论的重点，放在一般大众所不熟悉的信贷、投资、利润、利息方面，放在企业家的收益方面，放在创新所产生的制度和法律环境的缔造方面。对于大众来说，这些都几乎属于黑箱操作的问题，这些问题一般人不关心，即使关心也看不清。

我们看斯密的著作，就不会有非常大的刺激和陌生感，因为他说，经济发展中三个关键因素是劳动、资本和土地，这三个因素是决定性的，用来分析一切经济活动都是讲得通的。可是从熊彼特的著作来看，他似乎在讲一个完全讲不通的道理，因为他把一个似乎是纯粹主观的因素加入进来，这个因素就是创新和企业家精神。他认为，如果在经济发展的常态里面，讲劳动力、资本、土地这三个要素就够了，而只有在一个特定的语境下，只有当我们分析一种特定的经济形态——资本主义经济的时候，创新与企业家精神才可能发生，它才成为一个决定性的变量，才是一个叙述的前提。

而在非资本主义的经济形态中，不需要甚至也找不到创新与企业家精神，于是，在一般情况下，我们分析经济发展，只要有劳动力、资本和土地就可以了。正是基于这样的判断，熊彼特用所有晦涩的语言来说明，资本主义并不是市场经济，它不是随便可以发生的。

市场经济的主体是劳动者，它的工具是一般生产资料，而资本主义经济的主体是企业家，它的工具是信贷、投资，这两个主体是在不同的环境里活动的。

无论这本书多么晦涩，第一章的第一段就非常有意思。因为他是从经济活动的主体讲起的。他说：

> 社会过程实际上是一个不可分割的整体。在它的洪流中，研究工作者的分类之手人为地抽出了经济的事实。把一个事实称为经济的事实这已经包含了一种抽象，这是从

内心上模拟现实的技术条件迫使我们不得不作出的许多抽象中的头一个。一个事实绝不完全是或纯粹是经济的；总是存在着其他的——并且常常是更重要的——方面。然而，我们在科学中就像在日常生活中一样谈到经济的事实，我们是有同样的权利这样做的；也是根据同样的权利，我们可以写一部文学史，尽管一国人民的文学同它生存的一切其他因素是不可分割地联系在一起的。①

这段话的核心观点是：我们怎么写历史？怎么写经济史？历史的主体是什么？历史的主体是特定的人，是在特定环境里活动的人。

什么是事实？所谓事实，是从千变万化的事物中抽象出的实质。什么是历史？历史是从千百万人的活动中抽象出的法则与规律，这个事实、这个法则，作为抽象的结果，掩盖了事情的千变万化和千百万人的活动，剩下的就是概念与范畴。这种叙述方法，就是马克思所批判的形而上学方法。

熊彼特的观点是，最好的叙述历史的办法，其实就是写文

---

① [美]约瑟夫·熊彼特《经济发展理论》，何畏、易家详等译，商务印书馆，1990年，第5页。

学史的办法。历史是人创造的，不是概念、范畴和学术创造的，历史是英雄创造的，或者说是英雄群体创造的。历史上的英雄的共同处就在于，他们代表着一种破坏性的创造力，这就是他所谓创新。

于是，熊彼特的著作开头第一段就说，写经济史与写文学史其实没有什么不同。估计他的这种观点是大部分经济学家不能接受的。比如说，按照我的好朋友姚洋的说法，就是写经济史和写文学史绝对不同，尤其是跟我一起写书之后，他就更觉得这两者完全不同了。所以，我认为姚老师和大部分经济学家一样，应该好好借鉴一下熊彼特经济史和文学史相结合的写法。

写历史首先要写什么？历史叙述要根据什么展开、推动？大部分人的做法其实与熊彼特不同，他们开头必须界定什么是文学、什么是经济学、什么是法学，他必须从概念、范畴的界定开始。但文学史的一般写法不同，文学史的写法似乎很简单，那就是从作家、作品和重大文学事件写起。熊彼特的意见是：经济史的写法其实应该是一样的。

首先，经济的主体是什么？不是大家都知道的劳动、土地、资本，更不是抽象的概念的演绎——工资、地租、利息，而是一种特殊的人。文学史的主体是作家，而经济史的主体是什么？他说是企业家，是那些不断创新的力量。经济史无非是企业家的创新史，是创新的企业家的历史，这跟文学史以作家为中心的写法其实是一样的。

所以，熊彼特说，写经济史，只能用文学的办法。

比如现代文学史的写法：作家们共同体现的是文学的创造力量，这是主线。文学史的价值、鲁迅的价值在哪？是创新，是表现的深切与格式的特别。于是，鲁迅算一章。你怎么可能把其他人写三章呢，那个人与鲁迅比，他究竟创造出了什么？我们看文学史的过程，认为这个作家比那个作家更有价值，就是因为他打破了原有文学场的循环。所以熊彼特开头就说，经济史的写法和文学史的写法应该是一样的，就是看谁，通过什么样的方式，打破了经济的静态的循环，这说到底跟文学史的写法是一样的。而不好的写法是从抽象的概念出发，比如界定说什么是经济，经济和文学有什么区别。这是流水账的写法，是黑格尔所说的没有自由意志的、没有主体的、不着边际的抽象的推演。可见，熊彼特的叙述似乎很抽象，但是他的著作开头就提出了非常有意义的问题。

熊彼特的《经济发展理论》比较短，他的书分为简洁的六章。

第一章的题目是《由一定环境所制约的经济生活的循环流转》。"循环流转"是第一章的核心词。但是，这前面加了个定语，是由一定环境制约的经济生活的循环流转。

经济生活的循环流转是指什么呢？简单说就是指市场经济。斯密所说的市场经济就是经济的循环流转。用我们最熟悉的一个公式就是商品 — 货币 — 商品的过程，而马克思把它具体细化为生产 — 交换 — 分配 — 消费的循环。总之，这是一个不断的循环流转的过程。

在这个过程中，我们每个人都是生产者，同时也都是消费者；我们每个人都是买方，同时也是卖方。这也就是斯密所说的，我们处在一个互相需要的商业社会中；这也就是黑格尔所谓，市民社会是一个需要的体系。在这个社会当中，我们根本不需要任何人来领导，因为需求本身是最根本的领导，这个就是所谓"看不见的手"。

因此，只有在这种特殊的经济的循环流转当中，才会出现静态平衡，或者说才存在一般均衡这种状况。既然所有的人都是商品的生产者，又是商品的出售者，所有的人都是生产者，也都是消费者，于是，在整个不断循环的流转过程当中，我们根据斯密那个最简单的公式看，社会总供给和社会总需求是相等的。当然，也会出现一些摩擦，会出现一些所谓市场的扭曲，会出现一些曲线，但总体来说，这个总供给和总需求是平衡的、均衡的。一切关于均衡与平衡的执念，其实都是以市场经济为基础的，因为这是一个循环流转的静态过程。

在这一章中，熊彼特还讲了很重要的一段话，讲了经济学与未来。

他说，经济学是关于未来的一种学问，它与文学一样需要想象，需要无中生有，需要创新。正是这种未来性，使经济学如此具有创造性或者创新性，使经济学如此吸引人、如此栩栩如生，而如此具有不可预料魅力的东西就在于它的未来性。反过来说，如果经济学只是对经济活动经验的总结，没有面对新情况，没有解决新问题，那么，这样的经济学就没有任何意义。经济学是一门关于未来、关于创新的学问，这是他提出的又一个观点。

当然，他的说法很绕，先从一个完全无关的问题引申。他说，按照斯密的说法，我们都是在互相交换自己所需要的劳动产品，但是，似乎没有人用劳动产品去交换未来。所以，在这个循环流转的市场经济的过程中，收益总是可以预期的，总体来说，就没有利润产生，因为大家是凭着需求的经验来生产。

比如说，一个做面包的人，他为什么会按照这个数量做面包呢？是长期的历史经验告诉他按照这个数量来做面包，这就是所谓市场看不见的手，这就是我们所说的市场经济运行的情况。这个市场经济在全世界范围内、在几千年里都是一样的，这不是什么新鲜的东西。在这里，其实没有真正的经济变动产生，没有质变意义上的发展，当然也就不会有本书的题目"经济发展理论"的提出。

这样一种市场经济可以用简单的公式 W-G-W 描述，几千年来循环流转。这么简单的东西，不该是经济学讨论的内容，当然，也不是他自己的经济学讨论的主题。这样的经济学不能揭示现在，也不能解释未来，而古典经济学，特别是斯密所描写的那些东西，其问题就在这里。

为什么这种描述是无效的？因为它没有面对我们自己的问题，不能解释、解决我们自身的问题。我们现在面临的问题不是一般的、抽象的市场经济的问题，我们面临的问题主要是两个：一是资本主义危机的问题；二是计划经济的社会主义丧失活力的问题。而这两个问题，都不能用古典经济学关于市场经济的理论来回答。

在古典经济学框架里，如果观察我们经济出了什么问题，结论就是这样的:要么问题出在供给方面,生产质量不够,或者是出在流通领域,在整个商品流转的过程,哪个地方出现了梗阻。这是对经济症候的最一般解释。

熊彼特说,在古典经济学框架里,唯一能够突破斯密的无非就是大卫·李嘉图的想法:由劳动价值论产生了剩余价值论,剩余价值用于再投资,才产生了利润、利息,这就是资本的收益。没有劳动就没有剩余价值,没有剩余价值就没有资本积累。但是,随着资本对劳动支配关系的确立,随着资本积累的扩大与劳动收入的相对下降,从而影响交换、分配与消费,造成需求不足、交换不畅、分配不公、消费不振,从而破坏了供需平衡,破坏了市场的均衡。

在很大程度上,恩格斯就是从这个角度认为,资本主义制度破坏了市场经济的均衡。因此,卡尔·波拉尼[1]说,资本主义是一种变态,是反市场经济的,它一定会被市场经济所纠正。进一步说,资本主义是对市场经济的强制和扭曲,而计划作为对资本主义的纠正,才是恢复市场平衡的手段,如此而已。

但是,无论恩格斯还是波拉尼都不能够解释,在欧洲这种反常的现象为什么没有被市场经济自动纠正? 换句话说,在

---

[1] 卡尔·波拉尼(Karl Polanyi,1886—1964),匈牙利哲学家、政治经济学家。

熊彼特、马克斯·韦伯看来，特别是在马克思看来，为什么在欧洲产生了资本主义？这个资本主义和市场经济完全不一样，为什么不可能通过国家管制和计划的手段，使它回复到市场经济？这是熊彼特一开头就提出来的问题，在这里，我们要讨论的是资本主义的市场经济和社会主义的计划经济都遇到危机，而不是循环流转的市场经济。

第二章叫作《经济发展的根本现象》。

什么是资本主义呢？第二章的标题其实回答得很清楚：资本主义被称之为经济发展的根本变化，质的变化。

在市场经济的状况下，在循环流转、W-G-W的状况下，可以有财富的增长，但没有（熊彼特意义上的）经济的发展，我们可能会长期停留在一个有增长而没有发展的状况下。斯密在《国富论》中举例说明，那就是清王朝。当时的清王朝经济规模世界第一，是世界上最大的市场，但是：一、随着人口的膨胀，生产发展的速度赶不上消费发展的速度；二、由于士大夫官僚政治等原因，非生产性人口数量增加，从而造成了巨大的管理成本，加剧了生产与消费的矛盾；三、人口的增加导致了劳动工资的下降；四、劳动力便宜导致了对机械的排斥，从而导致劳动生产率下降。用伊懋可[①]的概括说，当时的世界第一大经济体清王朝，陷入了市场经济的高度平衡陷阱。

怎么打破这种市场经济的高度平衡陷阱呢？什么力量使 W–G–W 的公式变成了 G–W–G 呢？这个过程跟市场经济的过程完全不一样，最天才概括这两个公式的是马克思。但熊彼特其实反复论述的就是这两个简单的东西，这两种经济过程的起点、过程完全不一样。市场经济的循环即 W–G–W，每个人都参与其中，每个人都是生产者，都是销售者，每个人都是购买者，也是卖出者。卖的目的是买，生产的目的是消费，除了劳动经验和消费需求之外，这里不需要任何人领导。

那么，究竟是什么力量使经济摆脱了这种循环？简单说，是出现这样一种状况：有人敢于反潮流，他能够面向未来，通过面向未来的勇敢行动（特别是投资），导致一个新事物的产生，而这个新事物产生了超额利润，这个东西叫经济发展。

市场经济不需要领导，那么什么时候需要领导呢？

简单地说，只有在讨论和决策投资的时候，才需要领导。

奇妙的是，熊彼特在《经济发展的根本现象》这一部分，

[①] 伊懋可（Mark Elvin，1938—2023），英国经济史学家、汉学家，擅长中国经济史、文化史和环境史。

并没有好好地谈经济发展的根本,而是大谈什么是领导。

什么样的人才是领导? 他说,经济发展与经济管理不是一回事,管理者与领导者更不是一个概念。

简单地说,按照熊彼特的说法,在一个循环流转的社会中,根本不需要领导。因为在一个循环流转的体系里,需要的无非是循环论证,而所谓领导,就是那些循规蹈矩分子,是照章办事、按经验办事、心心念念千万别出什么事的人。也就是说,这里不需要领导,只需要制定章程、照章办事的管理者。随着经济规模越来越大,管理者即斯密所谓"非生产性力量"日益庞大,规章条文日益细密,文山会海叠床架屋,管理成本就越来越大,效率就越来越低,管得越多越细,经济就越没有活力。因此,熊彼特所谓领导,并不是指管理者。

那么,在资本主义经济里,资本家是不是领导呢? 资本家与熊彼特所谓的企业家是不是一回事呢? 不是的,熊彼特说,资本不等于积累,如果离开了投资,资本无论是积攒为商品、生产手段还是货币,把这些东西放在一个循规蹈矩的人手里,就逐渐地没有了。我们引进一个时间的观念看资本,那就是利息的观念。你把资本放在家里,或者放到银行里去,今天的五百万,明年就是六百万,因此,资本家是积累家,积累家不等于投资家，这是马克思说的。其实，这不用很深的道理就可以讲清楚。

我们所说的领导是什么样的人呢？熊彼特说，领导是要敢于打破这个循环流转，敢于不断地离开这个循环流转，重新把劳动力、生产资料以新的方式组合起来。

什么叫领导开会呢？熊彼特说，只有在提出这样的问题——把劳动力和资源做重新组合，看看会产生什么结果，只有讨论这样的问题的时候，我们就出现了领导决策。只有在重大变革和转换的时候，才需要领导。如果这件事情今天和昨天一模一样，就是绞尽脑汁考虑怎么维持现状，那每天开什么办公会？每个星期还开，上星期跟这星期议题都一样，还不如找一堆机器人呢。领导开会的目的，难道就为的是维持上星期和下星期一样，今年和明年一样？那怎么还叫领导？只有当讨论办还是不办、究竟要怎么办、怎么换个样子办的时候，只有讨论用什么程序来保证人敢于做决策的时候，这才出现了经济发展意义上的领导。这时候才需要看有多少人真正追随这个敢于吃螃蟹的人，这个人的领导力就是这样形成的。

熊彼特说，这种要求解放思想、打破循环流转的反潮流的精神，叫企业家精神。这种人不是资本家，也不是厂商管理者，他称为企业家。

企业家可以是发明家、宣传家、鼓动家、冒险家,但他的工作不是宣传大众去消费,鼓励大家去劳动,当然更不是去鼓动大家去革命,而是去鼓动投资、扩大信贷。

第三章讲了两个基本概念:信贷和资本。

什么是信贷? 信贷是一种面向未来的支付手段,或者说,所谓信贷就是一个预付手段。你要创新,要领导经济发展,只有雄心壮志和好主意是不行的,你手里要有钱,有钱的意思是:需要有一种金融体制,能够把资本集中在创新者的手里。

所以熊彼特说,信贷就是一个预付手段。什么是资本? 资本就是给企业家和创新者一个杠杆,让他去撬动这个地球,去完成创新这件事。这是一种特殊的文化,我们称之为资本文化。在世界上,没有一个文化具有这样强烈的创新基因,只有在欧洲,特别是德国和英国才会产生这种资本文化,因此才能产生资本主义。

我们在前面的课里讲了中世纪晚期的地中海城市国家以及意大利共和国,那里的一个重要的发明,是把税收变成投资,即以卖城市债券的方式,来解决城市税收问题。这些地方最早发明了包括股票、债券、证券这些投资工具,资本主义就是在这里起源。

发明并采用投资工具来解决共和国税收问题、财政问题、治理问题、军事问题,这个思路与市场经济完全不同,这样的治理体系,我们称之为资本主义。

接下来的第四、五章就非常好理解了,主要是区分企业家利润、资本利息,用我们一贯的说法——这是讲分蛋糕的问题:利润一部分归劳动者工资,一部分归资本利息,这是斯密讲的。在斯密那里,所谓不平衡,主要就是讲劳资收益的严重不平衡,而熊彼特的观点是强调企业家利润。企业家最大的发明是投资工具的发明,有了投资工具,新发明才会落地,新的要素组合方式才能产生。把新的投资工具与新发明、新产品、新结构组合起来,就会产生经济新形态,产生新经济。于是,要使经济摆脱困境,需要鼓励创新创造,你如果不采用新的投资工具,这一切就不可能办到。承认和采用新投资工具,你就不能不考虑给发明、掌握这个工具的人好处,如果不给发明新投资工具的人好处,那你还只是空谈创新,还是做不到创新。

如果把熊彼特的观点放到西方哲学社会科学体系看,就会发现,他把黑格尔和马克思所说的自由意志改变为创新精神,把创新精神归结为企业家精神,把企业家精神落实为发明新投资工具，这究竟是不是一种庸俗化，我们可以讨论。

熊彼特为什么这么强调创新呢？简单说，在他看来，一是市场经济没有创新追求，它追求的就是供需平衡；二是计划经济没有创新，甚至不允许创新，计划经济是管制经济，管理成本会越来越高。于是，唯一能够使资本主义摆脱危机的，只有创新。

什么是创新？创新不是一般的文化，不是指一种企业家人格，创新需要一套特殊的制度来保障，这种制度的核心指一系列积极的货币政策，体现为投资与信贷的体系，这就是我们说的"投资工具"。在古典经济学，特别是亚当·斯密那里，根本就没有这些东西，斯密知道的只是劳动工具、生产资料，而天才地提出并思考了货币，把货币、债券看作投资工具的人，是马克思。从这里出发，马克思分析了投资、信贷与资本的问题，这是马克思最厉害的地方，也是被恩格斯以来的许多马克思读者所忽略的地方。

重新拾起马克思货币理论的，是熊彼特。他立足于马克思的经济危机理论，发展了马克思的货币理论，进一步完善了关于信贷与投资的理论，从而使货币、信贷、投资问题，成为新古典经济学的核心问题，也就是他所谓经济发展理论的关键。

熊彼特理论的缺点当然是很明显的，那就是他主张：资本主义经济的主体不是劳动者，而是企业家。劳动者支配的是一般生产资料，而企业家依据的是以货币为完成形式的价值形态，企业家手里的工具是信贷与投资，这对经济发展是很关键的。简单地看，他就是站在劳动者的对立面上看问题的，所以，对他的出发点，我们要有批判态度。

第六章是经济周期理论。这一部分是全书的核心，所以要重点讲一讲。

在一般市场经济的条件下，循环经济是静态的，古典经济学的"一般均衡假定"，说白了就是指这个经济体系没有大的波动，也没有本质性的变化，永远都是这样的。但是，熊彼特认为，只有在特殊条件下，才可以假定经济发展永远是这样一种静态的平衡。而资本主义经济不是这样，资本主义经济是有周期的。

经济周期理论是在资本主义经济危机理论的基础上形成的，众所周知，经济危机理论是马克思提出的，可以说，如果没有马克思的经济危机理论，就没有周期性的理论。所以，新古典主义经济学是建立在马克思的危机理论之上的，这是新古典经济学与古典经济学的不同。古典经济学不承认，或者根本就没有危机理论，它认为市场经济总是能够达到自动的均衡，危机是不存在的。

新古典经济学承认危机，承认资本主义危机，但它期望在危机理论的基础上，重建一种新的经济均衡，这种均衡是周期性波动的均衡。

新古典经济学与马克思的区别首先在于如何认识危机。简单地说，马克思认为存在总危机，即最后一次最致命的危机。资本主义的危机从根本上说是不能克服的，一次次的危机，会导致总危机的爆发，总危机爆发，会终结整个资本主义体系。这个时候会爆发无产阶级革命，无产阶级革命会创造社会主义制度和社会主义政权，这个制度和这个政权，会彻底终结资本主义周期性危机。

新古典经济学的观点相反，它认为资本主义的危机是可以控制的，它甚至认为，危机本身是资本主义体系自我纠正、自我纠偏的方式，就好像歇斯底里和发疯本身是受益者释放，释放是治疗精神病的方式，是一种精神自我康复的办法。于是，问题就变成这样：资本主义积累造成的负能量，导致危机，而危机是负能量的释放，是压抑的释放，是资本主义体系的自我修复。经历了危机，资本主义就会康复，进入下一个周期。

马克思的观点是，经济危机的反复爆发，将耗尽资本主义的生命力；而新古典经济学则认为，经济危机正是资本主义生命力的表现，通过危机，资本主义的生命力将会得到恢复。

从这个角度说，经济周期性理论，是对经济危机的一种乐观的评价。区别悲观与乐观，核心在于如何评价资本主义的未来。在经济下行的时候，如果人们对未来的评估是完全悲观的话，那么，首先是所有的投资都会停止，消费随之萎缩，交换活动剧烈地减少，一个紧缩性的财政政策与十分消极的货币政策就会出台。这样一来，生产就会大规模地消减，失业就会大规模增加，结果，整个经济活动就停止了。革命和动乱就是这种经济活动停止的结果，而不是其原因，所以，革命不是解决经济危机的出路。

反过来说，如果我们不是断定一个总危机的到来，而是假定经济危机只是一个周期，而这个周期是可以走出来的，那么，我们思考的重点就不是等待总危机的到来，而是判断这个周期有多长，为了走出危机，我们能够做些什么。

如果说微观经济学就是市场经济学，那么宏观经济学首先是乐观经济学，即对资本主义的未来抱乐观态度。从乐观态度出发，熊彼特认为，我们这就要看看社会的各种力量，哪一种在经济周期里是主动的、积极的。首先，普通劳动者是没有办法的，他们是经济危机和经济紧缩的主要受害者，在经济下行的时候，他们将变得更加无助、更加被动、更加没有力量。而富人会捂紧他们的钱袋，不再投资消费，政府会采用紧缩政策——这些力量都是消极的，都只能加剧危机。而唯一的积极因素，是那些敢于在危机中逆向投资、敢于在破坏中创新的人，是那些把目光转向创造新的产能、新的产品、新的技术与新的经济组织的人，这些人，被熊彼特称为企业家。

企业家的出现，他们的行动是通过发明新的投资工具，使生产、交换、消费活动重新启动。如果不是这样，那只有通过革命，通过重新分配财富、重新洗牌来解决问题。但问题在于，在革命之后，财富重新分配之后，投资、交换和消费的问题，还是没有解决。在没有基层的市场活动的条件下，在没有新的投资工具的情况下，单靠革命政权按照计划的方式，以政治和行政命令的方式驱动经济，被证明是根本没有效率的。

总危机会到来吗？我们现在是不是处在资本主义总危机的前夜？马克思晚年在《路易·波拿巴的雾月十八日》里提出了这样一种可能性：在雾月，即经济危机和经济全面下行的时候，整个社会都会变得消极保守，不但上层是这样，中层是这样，底层的无产阶级也是这样。这种状况不是为革命准备条件，而是整个社会的消极和保守，取消了革命的前提与条件。

当然，列宁不赞成这种看法，他认为总危机已经到来，在俄国这个资本主义体系的最薄弱链条，革命的条件已经具备了。

不过，当时的大多数马克思主义左派没有列宁那么乐观，他们认为总危机没有到来，甚至有些人认为危机会被克服，其中最极端的是熊彼特。他坚信危机会被克服，危机只是一个周期，在整个社会都消极保守的时候，最具有革命性的力量不是无产阶级，而是企业家和企业家精神。

由于承认资本主义危机，研究资本主义危机的周期性，所以，新古典主义经济学也有马克思主义的基础。从这个角度，我们甚至说，马克思主义经济学是整个西方经济学的桥梁与纽带。新古典经济学不可能越过马克思回到古典经济学，他们一致认为：简单地回到市场经济理论是不行的，是不能解决资本主义问题的。承认危机，站在危机中思考，这是新古典经济学从马克思那里学来的东西。

其实，熊彼特早期属于社会民主党，他在维也纳大学学习、研究的时候，算是个马克思主义者。作为奥匈帝国的人，他与我们的五四新青年面对着相似的世界背景。第一次世界大战造成了奥匈帝国的瓦解，其根源在于欧洲资本主义的危机。资本主义危机导致了战争与革命，思考、研究资本主义危机，这是他的时代使命。

因为思考这样的问题，熊彼特与德国的社会民主党、奥地利的社会民主党都有非常密切的联系，希法亭、考茨基、卡尔·波拉尼、奥托·鲍威尔，这些人都是德国和奥地利社会民主党的活跃人物。约瑟夫·熊彼特与罗莎·卢森堡一样，对于列宁主义，特别是斯大林主义是有保留的，但是，我们不能简单地说他就是右派，就是纯粹资产阶级学者，甚至简单地指认他的思想是反马克思主义的，这样说不客观。社会民主党后来发生分化，布尔什维克是从俄国的社会民主党多数派发展出来的。欧洲社会民主党考茨基、希法亭，乃至卢森堡、布哈林等，后来被说成是修正主义分子，给人的印象，这些人似乎跟马克思主义没有任何关系，而且是反马克思的，立场是反动的——这种评价更不客观。

读《经济发展理论》，我们期望能够比一般经济学院的同学和老师读出更多的东西，那就只有把这个著作放到西方哲学社会科学传统中，特别是放在马克思的经济学里，才能更深入地理解为什么会产生这样的东西。我们看萨缪尔森的经济学教材，看不出来他有什么立场，基本上是一些基础性的东西。而从斯密到马克思，从市场经济到资本主义，这个逻辑是怎么过来的呢？我们只有去看希法亭、熊彼特，才能得到一个真正的答案。今天说马克思的经济理论有很大的正义性，也就是他站在劳动和劳动者立场上疾呼的正义性，这种正义性的理论基础，实际上来自亚当·斯密率先完善地提出来的劳动价值论和大卫·李嘉图的剩余价值学说。这个解释就是劳动创造的世界，加上黑格尔的辩证法，就是自由。自由是人们在劳动中争取平等和互相承认的斗争，自由加上劳动，就是大家理解的马克思。

但马克思实际不是这样。马克思主义不仅是一个立场，马克思主义还有观点、方法。离开了马克思的观点、方法，去抽象地讲一个立场，那就成了简单地站队。马克思主义的基本观点、基本方法，用毛泽东同志的说法，就是实事求是。今天所理解的马克思，很大程度上是恩格斯解释的马克思。马克思的思想不局限于黑格尔的劳动哲学和古典经济学的劳动价值论，马克思的重要贡献是对资本的分析和对资本主义的分析，这不是否定劳动价值论、否定黑格尔的劳动哲学，而是实事求是地分析在一个资本为核心的体系里，人与劳动存在的真实形态是什么。

从这个角度说，熊彼特的出发点也是马克思式的，问题不是黑格尔的劳动是什么，而是究竟什么是资本？关于这个问题，马克思在《资本论》的开头有一个很晦涩，但也非常言简意赅的说法——资本是以货币为完成形式的价值形态。希法亭、熊彼特说，资本是企业家所能够运用的信贷，这个说法，其实是从马克思的资本学说里发展出来的。

　　接下来的问题是：货币是不是中性的，如果货币完全是中性的，甚至货币本身就是负面的，是肮脏的代名词，那么，这种态度就决定了，不会有所谓积极的或者消极的货币政策，更准确地说，就会导向完全消极的货币政策。

　　如果说，资本是一种以货币为完成形式的价值形态，那么，马克思所思考的问题是，在我们现实世界中，货币是什么？斯密的说法是，货币是交换的中介，这个说法决定了货币是完全中立的，是中性的。货币本身不产生价值，货币只是一个中立的价值尺度。

　　那么，剩余价值是怎么产生的？是从劳动还是从资本中产生的？

　　按照黑格尔的劳动哲学，劳动产品里凝结着人类的自由意志，在古典经济学里，这种自由意志就是产品里所凝结着的一般劳动，这就是劳动价值论。所以，剩余价值只能是劳动创造的，交换活动不产生剩余价值，货币本身也不产生剩余价值。

自由意志＝劳动价值，这个等式是如何成立的呢？马克思把这个问题一直追索到柏拉图那里去，马克思问，"＝"是什么意思呢？这个桌子等于多少麻布等于多少棉花，是因为最后它等于多少货币，那么货币是什么呢？货币只是个价值尺度，这些等号是怎么建立起来的呢？只有货币本身是中立的，世界才能是多元的、有差别的，多元、差别的世界要归于一个价值尺度，这就决定了，货币本身必须是中立的。

那么，完全价值中立的东西，这个世界上有没有？其实没有，完全价值中立的东西，其实是形而上学的产物。对于这种完全价值中立的东西的起源，马克思说，我们只好追溯到柏拉图所说的理念，我们除非把所有的桌子等同于四边形，我们才能找到它的相同之处。因此，所谓"等于"只能是建立在理念的基础上，现实当中没有等于这种事情。形而上学的思考的基础是理念，只有这样的基础上才能产生"等于"。所以，马克思尖锐地指出，古典经济学的基础是形而上学，不批判其形而上学基础，就不能使经济学面对现实。而经济学的形而上学的基础，就是认为"货币是所有交换的中介"这个说法，而这是一个理念的产物,是我们抽象想出来的。如果用熊彼特的说法,那就是:这不是一个事实,而是我们头脑里抽象的产物。

这样一来,在马克思那里,货币就不可能是中立的,以货币为完成形态的价值形式——资本,当然更不可能是中立的。货币不是一个尺度,货币是一个工具,在资本主义经济中,货币首先是投资工具。

如果货币不是中立的,那么,我们立即就会把货币当作一个工具,立即就会有了货币政策,而且会把货币政策放在经济学十分重要的位置,这就是新古典经济学的一般态度。

首先,货币究竟是中立的还是有态度的,这决定了把经济学活动看作是一个周期还是一个循环。如果是静态的循环的话,那么就没有信贷,货币只是一个交换的中介。反过来说,如果经济活动是个周期,你就要看是否能够走出这个周期:如果你认为可以走出这个周期,那你就敢于向未来投资;如果不能,那么我们只有一条路,那就是内卷,干脆平分财产。

第二是,经济危机表现为投资过剩,从而造成债务过重,这是一个简单的道理。但是,投资过剩也是一个抽象的说法,投资有正确的和不正确的,有可以偿还的、不能偿还的,有可以产生利润的、不能产生利润的,这取决于你对未来经济发展状况的判断：如果未来是光明的，那么，债务就是可以控制的，因为未来的利润收入是可以偿还债务的负担的；如果不是这样，那其结果就是灾难性的，除了破产、倒闭、失业、战争、革命，就没办法解决问题。

什么是投资？在投资没有得到回报之前，它都是信贷，在借贷没有被偿还之前，它都是债务。所以，熊彼特说，我们现在所有银行里的所有财富，比如说英国的国民财富，都是以货币证券的方式存在，即四分之三都是信贷。正如马克思所说，一个国家的国民财富就等于它所经营的债务。

货币是怎么产生的呢？最简单地说，是银行发出来的。银行依据什么发钞呢？就是依据它的信贷。最有意思的现象叫乘数效应，比如中国人民银行给北大一百万，北大现在花不了这一百万，于是又拿五十万存到银行去，银行又把它贷出，这就是乘数效应。

那对银行来说，最重要的是什么呢？一是正确地投资判断，二是准确地管理债务。银行不是个出纳，银行是政府的工具，是应对风险与危机的工具，而它要做到这两点，那就要面临很大的风险。

什么叫很大的风险呢？

关于风险，特别是投资的风险，康德过去有篇文章最有启发性，题目叫《以形而上学之梦来阐明一位视灵者的梦》。康德的文章是什么意思呢？当时，马德里发生地震，但十年之前，就有一个视灵者号称能穿越时空看到未来，他预见了马德里发生大地震。你说这个视灵者到底灵还是不灵？康德的说法是，我不好说这个视灵者到底灵还是不灵，我只能说人有两个冲动：一个是面向浩瀚的星空，就是面向未来；一个则是内心的道德法则。

第一个问题，人对于灿烂的星空的思考，其实就是说人有一种努力，要去把握住未来和时间。而对未来的投资、对未来的思考，就基于这样的冲动，这种冲动，这种冒险的冲动，比较接近熊彼特所谓的企业家精神。

其次，道德是一种法则，道德体现为法。良心的问题转变为债务问题，债务问题转变为法的问题，这是从基督教到资产阶级文化的转变，这种问题在欧洲发生了。它构成了资本主义制度的法律基础：如何以法律的形式处理债务问题。

这样一来，所谓企业家精神就不是空谈了，它就不是一个简单的文化问题，不是一个简单的鼓励创新的问题，而是一个法律体系和治理体系的问题。简而言之，如果没有破产法，没有投资法、证券法，没有失业保险、劳动保险、养老保险等一系列法律体系的建设，那就没有办法处理信贷问题、债务问题、银行问题，当然也就没有办法应对经济危机了。

从这个意义上讲，所谓企业家文化不是抽象的，经济学不是一般的讲不讲道德的问题，经济学所讲的道德，第一是信用，而信用是投资活动的基础；第二是法律，没有法制体系做保障，信用是空谈。换句话说，如果没有信用体系、法制体系做保障，道德就是空谈。

所以马克思说，信贷是对一个人的道德所做出的国民经济学的判断（这是马克思关于信贷最著名的话），也是马克思主义的最精粹的话之一。如何解读马克思的这个观点、这种方法？

我念一段已故江泽民同志的话，他说：

> "信用"在中文的基本解释就是，遵守诺言，实践成约，取信于他人。信用既属于道德范畴，又属于经济范畴。资本主义社会信用制度在其发展过程中不断形成和改进，但至今仍有许多方面需要完善……社会主义市场经济是信用经济、法制经济。良好的社会信用是建立规范的社会主

义市场经济秩序的重要保证，是有效防范金融风险的重要条件，是现代经济、金融正常运行的重要根基。没有信用，银行不敢贷款、买卖无法进行，谁还敢来投资，市场经济还怎么搞？……全党全社会必须从改革发展稳定的大局出发，增强信用观念，建立和维护良好的社会信用。[①]

马克思的经济学与古典经济学的区别在哪里呢？马克思对新古典经济学的启发主要在哪里呢？我认为主要是在《资本论》第三卷当中关于信贷和资本的理论。这是希法亭、熊彼特以及晚年的考茨基所继承的问题，他们认为，无论社会主义和资本主义，都需要这种称之为信贷的资本。

邓小平说，解放思想，实事求是，这是马克思主义的基本方法、基本观点。真正的问题是，在一个社会中，需要那些敢于反潮流的人，需要那种想办事、敢办事、能成事的人——这就是有"企业家精神"的人。社会主义经济的发展也像资本主义一样，也需要这种实事求是、敢于干事创业的人。但是，这是不够的，敢想敢干的人从来就有，关键在于，一种反潮流的

---

① 《江泽民文选》第三卷，人民出版社，2006年，第437—438页。

革命文化，需要制度的保障与支撑，特别是，需要有一套特定的金融制度的支持。没有制度支撑，空讲创新没有用。

我们北京大学可能许多重要的事情都需要办，但是，我们现在规模已经很大，现有的经费，能维持住日常运转就不错了。前段时间有个老师上书学校说，我要干一个世界级别的项目，要干这个项目，得有一个高端的天文望远镜，这个成果一旦搞成，对科学发展很重要，可是现在没有条件。于是，他就申请国家自然科学重大项目基金，申请下来后，基金给他资助。国家自然科学重大项目基金，包括其他项目基金，说白了就是一种投资工具，是一个很重要的投资工具。它是在成果还没有做出之前就给你投资，它当然是有风险的。不是说投资了就一定能出成果，现在的问题是，如何保证这些项目的创新性，它是不是把创新性放在第一位，很大的问题出在评审环节。如果评审环节出了问题，那就是选出来的都是四平八稳的，风险固然是没有，但这种成果即使做出来也意义不大，那就与设立国家基金，鼓励创新、冒险的初衷相悖了。四平八稳的东西，没有创新的东西，我们投它干什么呢？当然，这是另外一个问题。

无论社会主义还是资本主义都需要创新，资本、信贷只是一个条件，社会主义与资本主义的区别，在于创新产生的利润究竟归于谁。马克思认为,利润应该归于大多数劳动者。熊彼特一开始拒绝面对这个问题,但后来到了美国后,修改这本书,关于利润归于谁他说得很绝对,那就是所有创新的利润都应该归为企业家和创新者。在这个意义上,他区分了资本家、管理者和企业家,而要养成这样的企业家,资本主义制度本身就必须改革,必须建立与创新相适应的制度体系和法律体系。如果离开了资本主义制度本身的改革,离开了破产法、证券法、劳动法、发明专利法等,你再怎么宣传都没有用。如果没有制度改革和制度支持,经济就会在一个没有真正的发展——庸俗化地说 innovation——的状况下运转。

为什么在经济危机和漫长的经济下行周期里,革命往往是不可能的?马克思对于"雾月"的研究表明,这是因为整个社会都陷入了保守与消极。资本主义体系陷入的不是崩溃,"雾月"的意思是所谓"垂而不死,腐而不朽",是漫长的停滞。

熊彼特认为,我们不可能停留在一个循环流转的市场经济中,要么接受不断波动的经济周期,要么接受僵化的计划经济,没有第三条道路可走。熊彼特是一个左派还是右派呢?这个不好讲,但他使我们摆脱了列宁、斯大林对于资本主义的简单化认识,这一点是有价值的。

熊彼特是改良主义者，他对于马克思的一些修正，使我们回到马克思对资本主义的思考，就是《论犹太人问题》《黑格尔法哲学批判》《路易·波拿巴的雾月十八日》以及《资本论》第三卷中的思考，核心就是——资本和信贷怎么支撑了一种逆周期？

而斯密关于劳动价值论的说法——劳动价格被压低了，劳动人民被剥削了，如果劳动人民团结起来，那么，在一个真正的市场的社会中是不需要资本的，起码资本的作用很少，这当然都是对的。恩格斯的思路，就是朝着斯密的这个方向的回归。今天所理解的马克思主义经济学，就是从劳动价值论、剩余价值论到恩格斯建立在自然辩证法基础上的社会均衡论。从这个意义上说，国家计划，国家对于资本和投资的强制，恰恰是回到市场经济的均衡的必由之路。沿着这样的思路，自然就会走向熊彼特所谓好像有领导、实际上没有领导的官僚主义的计划经济。

市场经济的教条是均衡，资本主义是打破均衡，要打破均衡，就需要创新，创新需要制度保障，需要制度创新。资本主义不是市场经济，资本主义需要改革，计划经济也需要改革，至于熊彼特这套理论是否能够拯救经济、拯救资本主义，那是另外一个问题。

无论怎样,在西方宗教中存在对于道德的一种思考,这种思考把信仰问题 — 信用问题 — 信贷问题 — 债务问题联系起来,这是宗教文明向资本主义文化转变的关键。这种对于道德问题的思考,在启蒙运动当中,被斯密和黑格尔关于劳动和斗争的理论冲击并掩盖了。马克思重新思考了这个问题,他认为这种转变构成我们认识资本主义问题的核心。熊彼特从这个方向上发展了马克思,即认识什么是资本,什么是信贷,以及什么是称之为反周期的人格,这就是所谓企业家理论的要害。

这是我今天讲的主要内容。

第五篇 萨缪尔森

一——宏观经济学的前提：资本、利息、利润

二——宏观经济学的对象：经济增长、就业与通货膨胀

三——资本主义制度的国际与国内机制：汇率与股票市场

四——经济学的普遍问题：税收、公平、效率

第五篇
萨缪尔森

保罗·萨缪尔森在哈佛大学读博士的时候，熊彼特是他的老师。熊彼特希望用文学史的写法写经济史，写出了《经济分析史》；萨缪尔森则把经济学教材写成了畅销书，他是一个了不起的通才，被称为经济学的最后一个通才。他的《经济学》已经被翻译为四十多种文字，大概发行了一千万册。1970年，他获得了诺贝尔经济学奖，是第一个获诺贝尔经济学奖的美国人（虽然他来自东欧，父亲是来自波兰的犹太移民，严格说是美籍波兰人）。

萨缪尔森曾经担任美国财政部的经济顾问，帮助经济困境中上台的肯尼迪政府制定了著名的"肯尼迪减税方案"。萨缪尔森的弟弟和妹妹都是经济学家，他的侄子萨默斯担任过奥巴马政府的经济顾问。萨默斯曾点评中国经济，表示对中国经济改革充满信心。这个经济学家族，对于中国是友好的。

萨缪尔森是当代凯恩斯主义的集大成者，他融合了新古典主义经济学，创立了新古典综合学派，是西方经济学在美国"既成体系"的代表。中国人了解西方经济学，很多是通过萨缪尔森的《经济学》。

萨缪尔森的《经济学》分上、下两册，上册讲微观经济学，下册讲宏观经济学。

微观经济学讲供给、需求、产品市场等，实际上就是讲市场经济。这一部分，对于所有初学经济学的人来说，都是很容易理解的。

市场经济世界各地都有，古典经济学把这些东西抽象出来，视为经济学的基础，这就是微观经济学里的供给、需求、产品市场。但这些问题就把经济学说完了吗？当然没有。熊彼特认为，这一套静态平衡的循环是糊弄小孩的，无论讲得多么天花乱坠，其实都没有多大的实际意义。

萨缪尔森与熊彼特一样，都认为市场经济与资本主义是不同的，资本主义的问题不是市场经济的问题。从市场经济角度观察资本主义，会看到那里不但没有公平，甚至连均衡与平衡都没有；而从资本主义角度观察市场经济，会发现那里没有真正的富人，也没有真正的超额利润，那里资本的作用、信贷的作用受到限制，那里没有资本的活力。

宏观经济学要处理的其实是资本主义的问题，在这里，讨论经济增长、就业、通货膨胀等问题的基础与前提，就是资本、利润与利息。他认为这才是真问题，而真正的资本主义经济问题，就是宏观经济学里讨论的问题。至于微观经济学，都是知识性问题，即市场经济的问题。

萨缪尔森和熊彼特、凯恩斯一样，都是在马克思的基础上工作的，即他们的共同点是分析资本主义经济。这一点，他跟亚当·斯密是不一样的。市场经济是一个没有周期的平衡线，而资本主义经济是有周期的波谷和低谷，这是马克思提出的危机理论。每当说起这点，萨缪尔森就对马克思的贡献发出无限感慨，他说，没有一个人像马克思这样，很清晰地在《资本论》里分析了资本主义的周期性和资本主义经济危机。

尤其必须说明的是：萨缪尔森的所有理论都是针对、基于美国写的，贯穿的都是针对美国问题的思考。他特别指出，美国是世界上非常特殊的国家，这个国家最基本的发展方针在建国时就确定了。在《联邦党人文集》中，我们可以看到，美国就是一个由政治地位相对弱势的富人建立的国家。美国的整个体制，是为了保证富人利益最大化，这就是美国的资本主义的特点。

萨缪尔森认为，世界上只有一个国家是这样的，在那里，富人没有政治地位，也不追求政治地位，因此就需要特殊的制度保证富人的财富（这听起来似乎是专门为白人移民者特别是犹太人考虑）。而更为特殊的是，美国在保证富人利益最大化的同时，还能保证整个国家的强大和稳定，当然，这就需要一系列特殊的国内与国际机制保障、保护财富。

萨缪尔森认为，只有在这一系列国际、国内制度保障的基础上，才建立起今天的美国。美国是资本主义世界体系的领导，也是整个世界经济的领导。那么，世界上有没有一个国家能重复、复制美国这套经济制度呢？他认为不可能。世界上所有的国家，不管愿不愿意，都在某种程度上服从美国的领导，它们的经济制度必须服从美国的经济制度这个大局。

萨缪尔森经济学的特点在于，这本教材是为美国而写，是对美国经验的概括。从这个意义上说，在美国大学里讲这本书，其实就等于上美国的"思政课"，它就是为美国领导世界的经济体制而背书的。但放到其他国家就比较麻烦了，因为其他国家根本不可能模仿美国。你想变成美国，美国半路就把你打死了。

当然，这就是中国经济学要注意的问题。如果我们把美国的"思政课"变成了中国经济学的专业基础课，甚至觉得还不够，还要学弗里德曼的《资本主义与自由》和曼昆的《经济学原理》，那就更麻烦了。因为曼昆的《经济学原理》在美国也被视作太赤裸裸地为少数人说话，他那一套在美国都行不通，在中国更不行了。

教材的前半部分讲市场经济，讲微观经济学，其实说的都是官话。这个教材的上卷第十五章到十七章，才开始接触真正的问题。

微观经济学第十五章《资本、利息和利润》不是讲供给、需求、产品，而是讲资本、利息与利润。这个问题，是讨论资本主义经济的前提。

萨缪尔森指出：现在大家都说，我们生活在市场经济中，但说这个没什么意义。实际上，我们生活在一个资本主义的世界中，起码美国是这样。美国是典型的资本主义，资本主义是由资本驱动的。因此，真正需要探讨的问题不是供给、需求和产品，而是资本、利息和利润。

所以，开篇他就开宗明义：

美国是"资本主义"私有制经济，这样说的意思是这个国家的资本和其他资产主要都归私人所有。到2008年，美国的人均净资本的存量超过了15万亿美元。其中67%由私人公司拥有，14%由私人拥有，19%属于政府。此外，美国财富的所有权主要集中在那些最富有的美国人手中。在资本主义制度下，个人和私人企业拥有大部分的储蓄，拥有大部分的财富，获取这些投资的大部分利润。[1]

宏观经济学所要面对的事实首先是经济增长与经济周期，回答资本主义是什么的问题。简而言之，就是资本集中在资本家手里。宏观经济好不好，当然不是看供给、需求、产品，而是看资本、利润、利息，于是，你要真按萨缪尔森和熊彼特说的那套办，那中国就要变成这样，即中国不能搞市场经济，当然更不能搞计划经济，中国要搞资本主义——这是前提。

资本是什么？当年，亚当·斯密、威廉·配第、大卫·李嘉图所指的资本，就是那些生产出来的耐用品，可以作为设备、产品存在。马克思对古典经济学的一个重大突破，就是他不赞

---

[1] [美]保罗·萨缪尔森、威廉·诺德豪斯《经济学》（第19版），萧琛译，商务印书馆，2013年，第328页。

成古典经济学对于资本的理解。实际上，在马克思那里，资本很大程度上是指金融资本（与产业资本、商业资本相区别），即以货币形式存在的资本，这就是马克思所谓"以货币为完成形式的价值形态"。

按照马克思在《资本论》中的说法，在资本主义制度下，起决定性作用的东西是货币的价值与价格，而不是劳动的价值与价格。资本在资本主义社会中最重要，远比生产新产品、供给新需求重要。

这就是资本价值论与劳动价值论之间的区别。

资本主义经济的根本问题在于实现资本与利润的最大化。我们必须从这个根本前提出发，才能去讨论美国经济的问题，当然，这个就是宏观经济学的主题——经济增长、就业和克服通货膨胀。而从追求资本利润最大化出发，宏观经济的三个方面是紧密联系在一起的。

教材的主干内容是：第一，怎么促进美国经济的可持续增长；第二，怎么解决美国社会的就业；第三，怎么保持美国货币的相对稳定。萨缪尔森说，这三个方面，在过去是不可能同时达到的，但今天的美国实现了三者的统一。

美国能够实现这个奇迹，首先是靠它的国内机制的保障。

第一个，先看经济增长，这涉及奥肯定理。奥肯定理是一个模型，即 GDP 每增长两个百分点，就拉动就业一个百分点；反过来，如果经济增长缓慢，就会对就业产生很重要的影响。我们如果放在这么简单的模型里看一个国家经济的好坏，最抽象的说法就是供给怎么样，需求怎么样。供给是否旺盛？需求是否旺盛？是不是生产了相当多的产品？

但是，我们真正看一个资本主义国家的经济，看美国资本主义经济好不好，看它是否强劲增长，还要看投资，看资本回报率，而这个问题，就必须运用凯恩斯的宏观经济学。凯恩斯的理论是一切宏观经济政策的起点与基础，其核心是用资本扩张来刺激经济，使经济摆脱危机。

萨缪尔森总是会讲他同行的故事，比如调侃费雪吃饭要咀嚼一百次。而萨缪尔森这样介绍凯恩斯说：

> 宏观经济政策每一课题的讨论都必须从约翰·梅纳德·凯恩斯（John Maynard Keynes，1883—1946年）开始。凯恩斯在许多方面都是一个天才。他在数学、哲学、文学等领域都有若干建树。另外，他还分身有术，经营一家大的保险公司，出任英国财政部顾问，协助管理英格兰银行，

编辑一本世界闻名的经济学杂志,收集现代艺术品和珍本图书,还创立过一家巡回剧院,并娶了一位俄国著名的芭蕾舞演员。他还是一位精通投机赚钱之道的投资家,不仅是为了自己,而且为他所在的剑桥大学国王学院(King's College)赚过大钱。[1]

凯恩斯不是马克思。马克思认为经济危机不可克服,出路要么是战争,要么是阶级斗争;凯恩斯认为采用资本扩张的手段,就可以克服经济危机,避免阶级斗争。

在英国,凯恩斯曾是管财政、管银行的官员。为了应对马克思所说的资本主义经济危机周期越来越短,而且越来越难以渡过的情况,凯恩斯创立了宏观经济学。凯恩斯提出来的手段是:政府可以通过财政部、银行(央行),但更重要的是可以动用股票市场这三个力量来应对经济危机。

写教程首先要保持立场中立,但萨缪尔森不是没有立场。他当然不是从阶级斗争学说,而是从宏观经济学的角度,去叙述美国1900—2008年的经济史。美国怎么来应对持续性的经

---

[1] [美]保罗·萨缪尔森、威廉·诺德豪斯《经济学》(第19版),萧琛译,商务印书馆,2013年,第430页。

济波动和经济危机？总体来说，美国在战争中经济就繁荣，不打仗经济就衰退，怎么解决这个问题？

他认为，美国在经历多次的打仗发财、不打仗就衰退的状况，进入60年代后，第一次实现了比较持续的繁荣，这主要就是肯尼迪采用了凯恩斯的学说。具体说，就是美国政府采用扩张性的货币政策和积极的财政政策。国会批准了刺激经济的举措，同时也对个人和私人公司实行减税政策，从而扩大了投资。这段时间里，美国的GDP快速增长，失业率降低，通货膨胀也得到了很好的控制。

按照凯恩斯的主张制定刺激政策，1965年是美国经济到达的第一个高峰。但是，从1965—1975年，美国经济出现了掉头向下的又一个大的滑坡，凯恩斯不灵了。

滑坡的原因，第一是越战打的时间太长；第二是美国在欧洲重建计划以后，向欧洲和日本大规模地进口，大部分的美元都跑到日本和欧洲，造成美国黄金的流失。美元与黄金挂钩的体制，到1972年的时候就维持不下去了。这期间，美国一方面是打越战，一方面是经济衰退，靠战争不能拉动美国经济。而中国发动的"文化大革命"波及世界，激发了发达国家的学生运动、工人运动和市民运动，全世界都在批判资本主义。

这就使得美国不得不放弃凯恩斯主义。1973年，美联储在经济学家保罗·沃尔克的领导下，结束了积极的财政政策和宽松的货币政策，转而采取了货币紧缩措施，抬高美元利率。美元利率抬高了以后，获取贷款就很困难，到了1973年，美国经济掉头下行，出现了高失业率、高通货膨胀以及经济停滞。

　　这表明，维护资本的利益，仅仅靠美国国内的政策保障是不够的。要熄灭全球阶级斗争和民族解放运动，这迫切需要一个相应的国际资本政策。这个国际资本政策的核心在于国际货币政策，而这个政策的核心就是实行与美元挂钩的国际浮动汇率制度。

　　1980年代，西方的经济思想逐步从凯恩斯主义走向了新自由主义，这是西方经济学的关键一步。新自由主义需要一个全球贸易和金融秩序来支撑，这就是众所周知的美国政治经济政策的调整：第一是使美元和石油挂钩，这是美国对中东政策的调整；第二是美国对华政策的调整，要求中国向美国资本开放市场，同时，有条件地向中国商品开放美国市场。

　　在凯恩斯主义不灵的时候，美国认识到一个问题：要维护资本的利益，需要一套国际政策，这个国际政策由国际贸易与国际金融理论支撑，其核心在于浮动汇率制度。

于是，这个教材的第十八章，转而讲国际贸易。

萨缪尔森说，国际贸易的好处是：第一，扩大了贸易机会，使各国产品都能流通；第二，在国际贸易中，主权国家可以征收关税，设置配额；但是，最为关键的是第三条——国际贸易必须要求国际金融秩序支撑，维护国际金融秩序的核心就是维护国际货币美元的地位。具体说，就是说服各国通过国际贸易换取美元，并用其国家的主权货币盯住美元。所以，国际贸易秩序与国际金融秩序的核心、关键就是建立美元汇率制度。

汇率是什么？对中国来说，汇率主要就是指人民币的美元价格，这是中美贸易关系的实质。

于是，教材的第二十七章，主要讲汇率和国际金融体系。这一部分讲得非常有意思，非常专业。简单地说，美国是怎么从1975年以后保证了宏观经济的稳定，即既有经济增长，又有就业发展，又避免通货膨胀呢？

第一是美国在1973年废除了布雷顿森林体系。就是说，美国废除了黄金与美元挂钩的制度，转而实行了浮动汇率制度。所谓浮动汇率制度是指：美元永远是1，而其他国家的货币可以盯着美元在变。

第二是放弃市场经济或者微观经济的稳定，而建立全球宏观经济稳定。

什么叫作维持宏观经济稳定的国际机制呢？具体说就是：美国采用的一个很重要的办法，就是通过与中国保持贸易逆差，同时，又不断向中国和石油输出国组织出售国债。通过使中国保持双顺差的状况，通过美国政府负债的方式，通过美国出口不断逆差的方式，来维持美元的国际货币地位。实质上就是通过汇率的调整、汇率的浮动，来控制美元作为世界货币的稳定性。

那么，它造成的结果是什么？结果是：除了控制中东主要产油国之外，很自然地，把中国和美国全球两大经济体之间的互动作用呈现出来。如果说白了，主要就是由中国大规模出口产品，来帮助美国解决美元的稳定问题。世界上的生产的事情主要由中国去干，中国开放投资市场，美国向中国开放商品市场。因为中国不断对美国出口产品，保持一个顺差，同时用这个钱来购买美国国债，因此就保证了美元在国际上稳定，大宗商品不涨价，维持美元不掉价。当然还有石油输出国组织对于美元的贡献，使得石油不大规模涨价。

当然，对中美双方来说，这种彼此开放是有条件的：中国向美国开放投资市场和商品市场，人民币与美元实行联系汇率制度，但中国的资本账户不开放；美国对中国开放商品市场，但开放政策由美国国会批准。对中国商品开放美国市场，这是美国的国内政策，不服从WTO约束。简而言之，中国对美国的资本开放，美国对中国的市场开放，都服从其国内政策，当出现纠纷时，主要通过两国谈判来解决。

根据萨缪尔森的观点，自从中国改革开放以来，美元一直维持着国际货币的地位，这最应该感谢谁？除了感谢中东那些卖油的之外（但这帮家伙不老实，经常想提提油价），主要应该感谢中国人。中国人民以十万条牛仔裤换我们一架飞机，换我们的美元，中国用自己的辛勤劳动购买美国国债，从而使美元真正实现了世界货币意义上的稳定。大量进口中国产品，使美国没有发生通货膨胀。

美元是在美国国债的基础上发行的，这意味着美国不能偿还中国国债，中国也不能要求美国清偿债务。如果美国说，不就是1.2万亿吗，我明天印1.2万亿美元现钞给你，拿回去吧，那意味着美国严重通货膨胀，美元就不行了，根本不能维持美元价格，那美元就真成了一张纸了，美元就会丧失其国际货币地位。所以中美关系绝对不能搞坏，美国要不断鼓励中国继续买美国国债，这对稳定美元的世界价格非常重要。

于是，只要给美国国债设定一个上限，在这个基础上发行美元货币，那么，就可以用美元来刺激国内的投资，因为过剩美元，都在世界市场上被中国的劳动稀释了。

既然在宏观经济学里，信贷、投资具有最重要的地位，那么，接下来就讲到一个最核心的问题，世界上最好的投资品是什么？

答案也很简单，那就是美国债券。

为什么？因为美国债券是所有投资理财产品中最稳定的，保证还本付息。因为它有美国强大的科技创新能力、强大的税收能力，以及美国在全世界的领导力背书。所以，世界上最好的资本投资方式就是买美国国债，因为它足够稳定。2024年初，美国欠了34万亿国债，其中近8000亿是中国政府买的，过去我们买得更多。

我们看中美关系不能从微观看，从微观看，中国有产品，是供给方，美国是需求方，中国当然有优势。但如果从宏观看，美国有资本，美国掌握着世界资本的利润率和利息率，掌握大宗商品定价权。如果从宏观经济学角度看，在一个资本主义的体系里面，你无论怎么喊打倒美帝国主义，美帝国主义也不会倒，因为买他们的债券是最稳定的。这才是一个实质性问题。

接下来一个问题是，资本以货币为完成形式，所以，保证投资人的货币财富不缩水，这是资本主义经济学里最主要的一个问题。

衡量金融资本是否缩水的标准就是利率。于是，萨缪尔森提出一个概念"名义利率"。比如存钱，银行利率是5%，但还有一个是"实际利率"，扣除通货膨胀、物价指数，实际利率远不到5%，可能是2%。

美国债券的名义利率和实际利率存在着很大差距。美债随着通货膨胀不断贬值，除非对债券进行物价指数的补贴，否则连本都保不了。所以对中国经济和世界经济而言，面临的问题是一样的，最烦恼的问题是美国债券的保值和增值。

怎么说服世界购买美国债券呢？萨缪尔森的回答非常文学化，他讲了一个人的小故事，这个人是欧文·费雪：

> 欧文·费雪（Irving Fisher，1867—1947年）是一位多才多艺的天才和改革者。他的开创性的经济学研究，既包括关于效用基础理论的研究，又包括对商业周期、物价指数和货币改革方面的资本理论和现实问题的探讨。
>
> ………

除了纯经济学方面的研究,费雪在日常生活中也是一个改革者。他曾游说国会用"补偿美元"取代金本位制。他曾因自己感染了肺结核而成了一名健康促进人士,并竟然成了"个人卫生15条准则"的热情倡导者。其中包括许多硬性规定和特殊要求,例如,必须咀嚼100下之后方可吞咽。据传闻,由于既没有酒而又要求客人细嚼慢咽,结果是,费雪家的宴会在纽黑文市是很难活跃气氛的。

1929年,费雪作出了他最著名的一次预测,他认为股票市场已经进入了"繁荣后的持续平稳期"。他按照自己的预测来运作自己的资金,结果在大萧条期间他损失了自己大量的财产。[①]

费雪的理论是什么?资本的数量和收益率,由以下两个相互作用的因素决定:第一,你有没有耐心等待将来的效果。换句话说就是:我们投了很多钱买美国债券,现在可能不赚钱,那么,我们有没有耐心等到子孙后代之后再赚钱?第二,给资本带来或高或低收益的各种投资机会。就是美国债券本身还有

---

① [美]保罗·萨缪尔森、威廉·诺德豪斯《经济学》(第19版),萧琛译,商务印书馆,2013年,第340页。

没有可供投资的机会，我们可否用美国国债为抵押，换自己需要的东西？

当然，最幽默的是，这个结果也可能是像费雪一样，在大萧条期间他损失了自己大量的财产，投资血本无归。但这不是美国的事，投资有风险，你可能会被美国的债务套牢。

全书的第三十一章，题目是"宏观经济学的前沿问题"。宏观经济学的前沿问题是什么？简而言之，就是美国政府负债。

美国经济到底好还是不好？会永远好下去吗？他说，有人说这取决于美国GDP经济增长，取决于美国就业水平，取决于美国的货币稳定。但这些都是结果，而不是原因。真正使美国经济可以不断地增长，保证美国God Bless America的根本原因，其实就是对美国的信心，其实就是God Bless America。就是说，因为God Bless America，美国政府就有自信。美国的信用是推动美国经济发展的最根本的引擎，而这个答案，跟市场经济的理论完全相反。

美国政府以什么承担刺激经济的责任？举债，借债。所有刺激美国经济的计划，说到底都以美国政府把这个债顶下来为前提。只要美国政府适度地、合理地、大胆地承担起债务，美国经济的发展就一定有动力。因此，萨缪尔森说，与其说需要一个创新性的企业，不如说我们需要一个创新性的政府，这是他所有的微观和宏观经济学的思想要害。

我们读了萨缪尔森以后，最大的收获就是，中国和美国这两个国家基本国情完全不同。美国是一个资本主义国家，是完全支持少数富人的国家。如果从市场经济、从微观经济上讲，美国其实是个真正的穷国，因为美国政府是世界上最大的借债户。美国之所以能够不断地借债，就是美国的 God Bless America，就是美国政府承诺：我们有强大的抵税能力，有强大的创新能力，我们的经济不断地发展，美国政府是有信用的。谁不相信美国政府，谁就是美国政府的敌人。

现在世界上谁最相信美国政府呢？十四亿中国人民最相信美国政府，他们替美国找到了解决最大麻烦的办法，就是用自己的劳动稀释了过剩美元。所以美国就可以抽出身来，在国内搞内循环，用股票缓解内循环不畅，刺激经济发展，同时保证美国的充分就业。

第二个是怎么理解资本主义条件下的就业。

萨缪尔森最不可理解的地方在于，他认为，在资本主义制度下不存在失业问题，只存在工资问题。

关于资本主义与失业问题，马克思的基本观点是：资本家对资本利润的兴趣远远大于对工人的兴趣，对新技术和机器的投入远远大于对劳动和工资的投入。因此，资本主义必然造成一个问题，就是周期性的资本积累过剩，唯一的解决办法就是阶级斗争与战争。而随着资本积累和对劳动力排斥越来越强烈，资本主义危机的周期性会不断缩短，五百年变一百年，一百年变五十年，五十年变三十年。最后的结果是，资本主义没法根本解决周期性问题，经济的波动会迅速缩短，最终达到一个总危机式的崩溃。

萨缪尔森承认：如果我们在经济学家中，挑一个最有良心、最敏锐、最有热情的，非马克思莫属。马克思提出了资本主义的问题，认为这些问题是不可克服的，但是，他没有提出新的解决方案。这是萨缪尔森对马克思的评价，表面上恭维，实际上是否定。

萨缪尔森认为，马克思的前提是资本主义会在总危机中崩溃，于是他设想了一种社会主义经济模式，可惜他从来没有对这种模式做类似资本主义那样全面而深刻的论述。而所谓的宏观经济学，也就是来解决马克思所说的问题：资本主义的周期性危机究竟能不能克服，以及用什么方式克服？

萨缪尔森的理论认为，通过宏观经济的方法，马克思提出的问题虽然不可以彻底解决，但可以延缓，延缓就是克服。

他辩解说：失业，一种叫均衡性失业，另一种叫结构性失业。均衡性失业指在现有的劳动工资率和工作条件下，一些人选择不工作。他说，马克思提的那个问题本身就经不起量化，因为根本就不存在所谓充分就业问题。34%的人不就业这是正常的，因为小孩不能就业，老人不能就业，老人得退休，孩子们在上学，这是正常的。只有突破了这个，才可以考虑失业问题。

如果在本该就业的人口中，64%的人没有工作，如果这个比例出现了，这就是失业问题。他非常沉痛地说，失业可不仅仅是个经济问题，失业更是一个社会问题。如果失业率突破了糟糕的20%，可以肯定这个社会就完了。这非常危险，会带来很多的问题。"很多的问题"，其实是"阶级斗争"的含混说法。

他说，第一，现在发达国家中出现了一个均衡性失业问题。我每个月可以领到一千美元，我干吗要工作呀，就在这玩挺好的。另一个就是说，你配的工资跟我的期望值差距太大，我觉得你给太低了，所以我不愿意去。因此在失业中，你必须区分出来哪些部分是均衡性的。在这个均衡性失业当中，毕业的高校大学生占相当一部分。用我们中国的话来说，这部分处于高不成低不就的状态，存在着大量不断挑工作、跳槽的现象，这个很正常。

再一个是结构性失业。用他的话来说，结构性失业的问题在于工资的刚性和黏性。现在的工资是固定的，所以，我这个行当就值这个钱，你接受也是它，不接受也是它。在这样的状况下，有些行当工资是被高估了，有些行当工资被低估了。他举了个例子，现在美国的护士根本就招不到人，可是矿工到处都失业，这是结构性失业，中国现在也是同样的情况。

还有一个问题，就是如果资本很多，那工资和雇人就不是问题，只有在资本短缺的时候，才会为雇人设置门槛。他举了美国高校的例子。过去大学不考核，这是因为基金会有钱；现在不断考核，是因为基金会的财富缩水了，考核就是为了裁人。

所以他说，目前一个很重要的问题是，失业是一个经济增长的问题。对于宏观经济来说，第一是保证经济增长，这是最根本的。如果资本没有利润，就没有经济增长，没有经济增长，就没有人花钱去雇那些表面上看没用，但是从长远看非常有用的人。

第三个就是讨论通货膨胀。抑制通货膨胀，一般的观点是需要控制需求，减少投资。萨缪尔森的看法是反过来的，他认为，只要投资和消费上去了，通货膨胀就不是一个问题。简而言之，只要大家手里有了快钱，就敢于消费，敢于投资，这样通货膨胀就不是个问题。而大家有钱都存在银行里不敢花，这才是大问题。因此，从宏观经济学的角度看，解决通货膨胀的方法在于消费和投资。

美国是一个很特殊的国家，个人投资很旺盛，但是储蓄率很低。中国正相反，储蓄率很高。美国为什么能够在个人储蓄率不断下降的状况下，使投资热情变得很高呢？他认为是有以下几个原因：

首先，美国存在着一个金融市场，它的金融市场、股票市场更容易筹到钱。美国股市是经济发展的一个极其重要的动力。第二，美国的社会保障体系在不断地健全。个人教育、医疗、养老、住房等方面提供的保障越来越完善之后，人就会越来越敢于投资。第三，财富的快速增长的原因，是熊彼特所说的创新性，企业家财富的迅速增加，特别表现为股票市场的繁荣。

接下来，他讨论了宏观经济中的货币和金融体系。在银行、中央银行、政府财政之外，特别讨论了股票市场。熊彼特那一套创新性，主要在于投资工具的创新，主要体现在股票市场。美国的股票市场对于创新性特别敏感，有那么一批人特别对新的 idea 感兴趣。美国股市使这些创新性的人很容易融到资金，这是任何国家都不具备的，是美国所特有的。

我们说，萨缪尔森的经济学是美国的思政课教材，其实就是说，这个教材的主干就是给资本主义涂脂抹粉，让你觉得美国经济很好，美国政府勇于担当负债，美国没有真正的失业问题，美国股市的钱很好赚，等等。

这些内容，就是萨缪尔森教材的主干内容，它可以概括为一句话：美国经济风景这边独好。更具体说，是美国经济自1900—2008年，总体趋势是形势一片大好。而美国风景这边独好的原因，如果用萨缪尔森的说法就是，有美国领导的国际国内机制的良好运行作为保障。再具体说，就是运用了凯恩斯的积极的财政政策和扩张性的货币政策，然后实行了浮动汇率制，加上开辟了美国的股市。在这样的情况下，美国实现了经济增长、税率下降、失业率下降、财富不断增长的大好局面。

接下来，他就不无得意地比较起世界经济发展，这一部分叫"经济发展、经济增长和全球经济"。

他认为，总体来说，经济增长大概有这么几个轮子（这都是斯密的话）：第一是劳动力；第二是广阔、肥沃的领土；第三是资本投资的回报率；第四是熊彼特的创新性。这是经济发展的四个轮子。这四个轮子只有美国具备，其他国家都不具备。

站在美国看世界，贫穷国家陷入的就是马尔萨斯所说的问题：人口快速增长，人口素质特别差，教育医疗都跟不上。人口尤其是一个最大负担。发展中国家最大的问题是人口多、人口生育率高、人口素质低以及社会保障程度差。这样一来，所有发展中国家的贫困，就跟帝国主义、资本主义的剥削都没关系了，都是因为它们自己太笨，生得太多，又穷又生，所以，它们的经济就不行。贫穷的本质就是因为贫穷。反过来看美国，一切都OK，真好！

站在美国看世界，又可以看到：经济发展有各种主义的选择，各种主义的选择里，最优秀的是亚洲模式。"亚洲四小龙"为什么表现好？在于人口素质高，而且非常勤奋，有进行工业化、现代化发展的自然禀赋，能够迅速向国外输出产品并且学习先进经验。他当然没有讲"亚洲四小龙"都是冷战期间美国扶持下发展的，它的输出学习机制是冷战的地缘政治造成的。

几乎很自然的，萨缪尔森不看好欧洲，他认为欧洲的主要问题是偏爱社会主义。欧洲的社会主义根源，在于它的黑格尔主义遗产和斯密传统，即维护共同体的思想，无论这个共同体是自由意志共同体还是欧洲市场共同体，它必然体现为福利国家。就是说，在欧洲，经济发展的目的是养懒汉。他很怀疑现在这些北欧国家这么高负债的情况下怎么生存下去,所以,欧洲共同体的设想基本上行不通。

站在美国看世界,在"亚洲四小龙"与欧洲失败的社会主义之外,那就是苏联的集权主义的计划经济。苏联的所有失败可以概括为一句话:它能生产大炮之类的高科技,但却不能生产黄油,这导致人民不满意。人民的必需品都是在市场里生产出来的,大炮、高科技都是在国家指令下生产的。苏联的经济既没有公平也没有效率,最后必然瓦解。

这本书最耐人寻味的地方是萨缪尔森指出:在所有的主义中,除了中央计划经济、欧洲的社会主义、"亚洲四小龙"之外,唯一可持续而且最有潜力的,将来也最值得美国研究的,就是中国。

这位老先生活到了九十四岁,他对教材反复修改,以求与时俱进。在过去的版本里,作者对毛泽东时代赞赏有加,他认为毛泽东开辟了一条非常特殊的工业化道路。萨缪尔森在资本主义发展方式之外,特意区分出了中国和苏联,认为中国和苏联走了完全不同的发展道路。他认为毛泽东时代是一个重大奇迹,毛泽东在几乎完全孤立的状况下,完成了中国的工业化。更重要的是,中国的农村和农民不但在道德水平上得到提高,在生活上也得到提高,创造了人类历史上空前的稳定。还有,毛泽东注意地方的自主性、企业的自主性、基层的自治，毛泽东的这个方法与苏联的中央计划经济完全不同。这是他在80年代的版本里讲到的，但在90年代以后的版本中，为了与时俱进，他把"毛泽东的中国"那段删掉了。

在随后的修订版中，他又对改革开放的中国大肆赞美，认为中国依靠市场经济的力量，创造了人类经济的奇迹。当然，他不忘说，现在的问题是中美变成一家人了，中国人辛勤劳动出口赚的那点钱，对于保证美元的货币稳定起到关键性作用。

在中文版的序言中，他满怀热情地说，中国不单是一个政治大国，也必定是一个经济大国。

美国现代的经济学家中，萨缪尔森是最适合和中国打交道的。中美关系，特别是经贸关系走到这个地步，非常需要美国国内有权势的人尊重中国，而萨缪尔森，就是一个真正有权势并且尊重中国的人。

在叙述美国经济保持宏观经济稳定的国际条件时，他强调了中国的作用。他敏锐地意识到，美国经济在1970年代遇到困境的时候，是中国拉了美国一把，当然也促成了中国的改革开放。中美关系的实质是保持密切接触，但这是两种完全不同的发展模式和发展道路。这句话就是周总理在欢迎尼克松时所讲的:"中美两国,国情不同、历史不同,但我们可以从不同的起点出发,走到一起。"毛主席也说:"如果尼克松愿意来,我愿意和他谈。谈得成也行,谈不成也行;吵架也行,不吵架也行;当作旅行者来也行,当作总统来谈也行。总而言之,都行。"

萨缪尔森主张:美国不要担心中国的发展,完全不必担心中国经济会对美国造成威胁。他说,一个国家的经济繁荣与否,当然要看它的GDP,但GDP是指在一国国境之内所生产的产品的财富总量。中国GDP现在世界排名第二,有一个预期是2035年中国的GDP超过美国,这种计算方式有很大的水分。因为GDP不能真正地衡量一国的财富能力,所以把它叫成国内生产总值,它是指在你这个国境内所进行的经济活动的总量,包括中国人的企业,也包括外资企业的财富。在中国的国内生产总值中,外资企业占据的份额是55%。而一个更加靠谱的计算方式是GNP(国民生产总值),就是刨除了外资加上国民的海外财富来计算一国之财富。那按照GNP的标准,中国能排世界多少位? 所以,美国不必担心中国。

中美之间的问题是,美国不可能完全变成中国模式,中国也不可能完全变成美国模式,出现这种情况,对世界经济和中美两国都是灾难。那时候,美国的问题就是中国的问题,全球经济的问题就变成了中美两国对抗的问题。如果是那样,中国就不可能再给美国提供一个新的市场、生产方式和解决方案。那时候,就是中美两国一起倒霉。

萨缪尔森很敏锐地触及了这些问题,但他过于乐观了。

我认为萨缪尔森是一个非常可爱的老头。他非常睿智,活了九十四岁,他的书写得很好,以至于他去世的时候,译者萧琛写了一个妙趣横生的译者感想。他说在写这个译者序的时候,突然接到萨缪尔森去世的消息,于是他的手机就被打爆了。大家不断问他,这个老头的去世,对世界经济意味着什么?

答案其实很简单:一是萨缪尔森的书是为美国写的;二是他对现在美国领导的世界资本主义体系十分满意;三是他认为中国与美国经济完全不同,虽然他对中国是十分友好的,但他的出发点是美国的利益,是资本利益的最大化。

那么,除了为美国背书、为资本主义背书之外,这本书能够提出什么具有普遍性的经济学问题吗?

我认为,他提出的具有普遍性的经济学问题如下:

第一是政府的管理成本问题。

该书第十六章提出的主题——政府税收和支出,这是经济学的普遍问题,但是,这个问题因各国的历史文化而不同。

他在前边引用了自己的老师熊彼特的一段话：

  一个民族的精神风貌、文化水平、社会结构以及政策可能塑造的行为方式，所有这些甚至更多，都记录在它的财政史上。那些明白怎样读懂这个历史所蕴涵的信息的人们，比从其他任何地方都能更清醒地预感到震撼世界的惊雷。①

  我们前面讲，黑格尔说，现代国家的基础是文化，国家是伦理的实体。马克思破译了这里的"文化"究竟是指什么，他指出，这就是一种资本文化。而萨缪尔森引用熊彼特的说法，指出这种文化表现为政府管理方式，而国家管理的财政基础，就是税收。

  研究中国治理和中国改革，实际上最根本的是政府的财政改革。如果看不懂政府为什么要进行财政改革，那就看不懂中国历史。这方面研究最好的是黄仁宇。当我们真正开始讨论经济问题时，供给、需求、新产品都毫无意义，重要的其实是两个：资本收益率和税收。除了宏观经济所关注的资本之外，税

---

① ［美］保罗·萨缪尔森、威廉·诺德豪斯《经济学》（第19版），萧琛译，商务印书馆，2013年，第351页。

收问题是经济学里面最重要的一个问题。一个国家、一个社会、一个经济体之所以能够成立，根本上取决于税收。那接下来，我们就面临一个最深刻的现实问题，当然也是哲学问题——究竟该向谁征税。

大家要知道，第一，中国国情不适用于萨缪尔森的理论，因为中国经济从根本上说不是资本驱动的。极少数有钱人关心的资本利润、货币利息问题不是我们经济的根本问题，因为他们是极少数。如果从税收的角度看，中国大多数人口——七八亿农民是不交农业税的，十四亿税源就跑了一半多。第二，我们的税收制度十分特殊。为什么？原因是，政府在面临向谁征税这个棘手问题的时候，一般采用向企业、商业、消费征税，而不是直接按照人头收税。在这里面，大多数明星、老板可以把个人收入算进公司收入。所以，个人所得税其实主要是工资税，包括对工资收入较高者，比如说高级专家，特别是发明者收税。这些人是"关键少数"，这个关键少数恰恰是社会发展与创新的真正动力，而这种税收方式，如果用熊彼特的说法，就是阻碍社会创新。

萨缪尔森指出：所有的政府代表都知道，征税不得人心，正是"不民主则不纳税"的呼声引爆了美国独立战争。所以，现代税收体系是在崇高的公正原则和实用主义政治之间的一种折中。正如三个世纪以前，精明的法国财政部长柯尔贝尔①所写的那样："征税的艺术就像从鹅身上拔毛，既要多拔鹅毛，又要少让鹅叫。"那么在中国拔毛，又不让他叫，征谁的呢？就是征那些有固定工作的人的税，如公务员、教师、国企员工。他们有一定的道德水平，又有纪律约束，属于那种比较不会叫的人，但这些人林林总总加起来不到六千万。这是中国很特殊的问题。

现在的税收分为间接税、直接税。间接税是向商品和服务征税，主要面向企业和商业；直接税是向个人征税，这个就太难了，这在美国和中国都如此。因为企业是个人的，老板的个人收入算企业收入，老板的个人消费算企业消费，于是，在他那里几乎征不到个人所得税和个人消费税，甚至征不到一分钱。因此，我们面对的情况就是，大多数农民不交个人所得税，绝大多数老板也不交个人所得税。大多数人都不交个人所得税，那我们国家怎么强大呢？

中国这么大，中央政府要办的事情非常多，维护国家的统

---

① 柯尔贝尔（Jean-Baptiste Colbert，1619—1683），法国路易十四时代政治家、国务活动家，长期担任财政大臣和海军国务大臣。

一意志，要靠中央税收能力的不断加强。建立一个完善的治理体系与不断扩大中国治理体系不是一回事，通过不断地扩大机构来应对问题，这种治理是没有效率的，这就是欧阳修所谓官冗、兵冗、财穷的循环。随着经济发展，政府的机构越来越庞大，支出越来越多，于是就会出现财穷的问题。政府支出过大，就会需要加强税收，税收增长超过了经济发展水平、社会承受能力，就会导致经济停滞。所以，自宋代实行仁政以来，中国的国家治理一直处于一个紧缩的财政政策下。问题是读书人不纳税，小农太分散，征税成本太高。另一个是同白银挂钩的固定货币政策，造成资本没法扩张。这样一来，无论多少人多么勤劳，国家一定是越来越弱的，一是资本总是短缺的，二是国家不知从哪征税。在今天的中国，国企是课税的主要对象，所以要发展壮大国有企业，不仅是说国企是我们制度的基础，更直接的原因是要稳定，增加税源。

另外一个具有普遍性的经济学问题，是该书第十七章提出的——效率与公平：重大权衡。

政府可以解决不公平的问题吗？

西方经济学的态度是否定的。它认为，用政府干预减轻贫困的任何企图，都是只会导致整个国民收入下降的愚蠢的努力。

而萨缪尔森的意见是比较婉转，他一方面说，贫困与不公平，这个在资本主义经济里确实是存在的，但是另一方面他坚持认为，政府不能采用直接干预的办法来解决这个问题。如果政府必须干预，充其量只能采用市场的手段，即通过购买服务的方式去帮助弱势群体。不过这里又有两个问题：第一，它没有效率，会造成"漏桶效应"；第二，它用了纳税人的钱，这对纳税人不公平。

这种拒绝婉转的否定，是为否定找出理由，其实比直截了当的否定还冷酷。

比如，萨缪尔森在这本书里写道：

> 早期古典经济学家认为收入分配是不可改变的。他们认为，用政府干预减轻贫困的任何企图，都是只会导致整个国民收入下降的愚蠢的努力。这个观点曾受到英国经济学家、哲学家约翰·斯图亚特·穆勒的质疑。尽管他也注意到政府干预与市场机制的冲突，但是他仍然雄辩地认为政府的政策可以减少不公平。[1]

---

[1] [美] 保罗·萨缪尔森、威廉·诺德豪斯《经济学》(第19版)，萧琛译，商务印书馆，2013年，第383页。

穆勒的出发点不仅是快乐,而且是大多数人的快乐,他认为这是政府的责任。他只不过是雄辩地说了说,不过,在西方还真有政府这么做。

萨缪尔森继续说:

> 半个世纪以后的19世纪末,西欧的政治领袖们采取了一些新措施,标志着政府在经济职能方面的历史性转折。德国的俾斯麦、英国的格拉斯通和迪斯累利,后来还有美国的富兰克林·罗斯福等,都引入了政府对人民福利负有责任的新观念。[1]

可见,"政府对人民福利负有责任",这在西方是一个新观念,反过来说,西方的常识,就是政府没有必要对人民的福利负有责任。"以人民为中心"这样的信念,对于西方来说是很陌生的,这很容易被理解为政府干预。

那么,政府干预的效果如何呢? 接下来,萨缪尔森提了一

---

[1] [美]保罗·萨缪尔森、威廉·诺德豪斯《经济学》(第19版),萧琛译,商务印书馆,2013年,第383页。

个概念,叫"漏桶效应"。

在采取各种步骤将收入从富人向穷人那里进行再分配的过程中,政府可能损害经济效率并减少可以用来进行分配的国民收入的数量。但在另一方面,如果公平是一种社会商品的话,那么它是值得购买的。

问题是我们到底愿意以多少效率为代价来换取更多的公平? 阿瑟·奥肯在他的"漏桶"实验中提出过这样的问题:如果我们重视公平,那么将1美元从富人的桶里拿到穷人的桶里时,我们将表示赞同。但设想在再分配之桶上有一个漏洞,设想富人所交的税只有一部分(可能是一半)实际到了穷人的手里,那么以公平的名义所进行的再分配就是以损失经济效率为代价的。[1]

这就是说,政府在追求大多数人的快乐的过程中,必然会导致装门面,造政绩,跑冒滴漏,好大喜功。

还有一个问题,那就是你要救济穷人,就要扩大政府支出,

---

[1] [美]保罗·萨缪尔森、威廉·诺德豪斯《经济学》(第19版),萧琛译,商务印书馆,2013年,第384页。

扩大支出，就要加税。所谓福利计划，其实就是以人民的名义，向人民加税。于是萨缪尔森说：

> 所有的社会都得接济老人、儿童和生病的人。有时候，资助来源于家庭或宗教组织。近一个世纪以来，各国将对贫困进行收入支持的职能日益转移到中央政府。当政府对更多的人承担起更多的责任时，政府转移支付的财政负担也逐步趋于增长。今天，大多数高收入国家都在面临着增税以支持医疗保险、退休金及贫困家庭收入支持等公共计划。尤其是在美国，增税已经引起人们对"福利计划"的强烈反对。[1]

西方的左派认为，世界的不平等的原因，在于中心和外围的差别、城乡的差别、阶级的固化，是这些制度的原因造成了贫困。而所有的新自由主义者和保守主义者都认为，穷人是不勤俭持家的人，是懒汉、酒鬼。贫困产生于不良的文化和个人行为，这些行为的个人必须为自己负责任，贫困理应由穷人自

---

[1] [美]保罗·萨缪尔森、威廉·诺德豪斯《经济学》(第19版)，萧琛译，商务印书馆，2013年，第387页。

行矫正。

实际上，发达国家的大多数收入保障计划所针对的是老人而不是穷人。美国人的工资中，相当一部分要扣养老保险。你老了之后，无论是找保姆照顾你，还是去养老院，这笔钱从工作开始就要扣除。所以弗里德曼讲，美国的保险计划侵犯了我的自由，我开始工作的那一刻，它就认为我要死，扣我的钱。

必须指出，在西方的经济学教材里，根本就没有扶贫这个内容。当然，在萨缪尔森这里也没有。

关于扶贫，只有当代中国经济学里有，这是当代中国对于世界经济发展的最大贡献之一。

在中国，关于效率与公平，其实最简单的说法就是切蛋糕、分蛋糕。我们国家自改革开放以来，确实没有所谓的改革派、反改革派，只有分蛋糕派和切蛋糕派。做大蛋糕、分好蛋糕的问题，一直是我们面对的最核心的政治经济问题，而这个问题，在西方经济学里却是非常边缘的问题，在萨缪尔森那里，也是一个不得不提、完全敷衍的问题。而对我们来说，公平和效率的冲突，一直就是最需要加以慎重权衡的社会经济问题。

怎么衡量一个国家到底公不公平呢？一般只能依据人均可支配收入来决策。

据我国公布的数字，2023年美国的人均可支配收入是6万多美元，中国是3.9万多人民币。当然，这只是个平均数，这个平均数掩盖了贫富分化。

再一个是基尼系数。如果社会财富都归一个人，基尼系数就是1；如果归大家，就是0。通过基尼系数，可以测算社会财富由多少人占有。一般认为，基尼系数超过0.3，这个社会就不公平了，而2022年我们自己公布的是0.47，美国是0.488。如果简单地理解一下就是，53%的人在这个框架里等于没有财富，一半以上都是穷光蛋，而财富主要集中在47%的人手里，这当然很危险。

到底效率重要，还是公平重要？

党的十八大以前，有一个理论家讲效率优先，他甚至说共同富裕是亡国之策，你讲分蛋糕，分好蛋糕，你就是阻碍中国经济发展的效率。而另一派认为，我们蛋糕已经做得很大了，什么时候分蛋糕？再不分，不是少数人没机会的问题，而是大多数人要揭竿而起了。所以，必须考虑分好蛋糕的问题。

经济学里面有没有斗争呢？当然有。在十八大之前，围绕效率与公平，做蛋糕与分蛋糕，实际就是政策对赌。那时，国内外相当一部分人笃定，我们党不敢提共同富裕，结果十八大旗帜鲜明提出共同富裕。我们不仅是说，而且做，我们启动了人类历史上最大的反贫困计划。

在这之前，我们有过一次经济刺激，四万亿投入城市，四万亿钢筋水泥，号称"铁公机"，放在基础设施建设、住房建设上，其效果是什么？促进了中国经济的高速增长，把中国经济甚至世界经济从衰退中拉出来。而其负面作用是造成四五千万房奴，地方政府负债，贫富差距扩大，腐败盛行。

十八大以来，我们搞反贫困计划，仅乡村振兴就投了七万亿。这是人类历史上所没有、中国历史上所未见的伟大举措。发展成果为人民共享，特别是为贫困人口共享，这是中国共产党的抉择。

举个湘西十八洞村的例子，这个故事是我听驻村书记讲的。有个大学生在那里当驻村书记，他不想干，一直想调走。调走之前，上面说有大领导要来，你再坚持一下，因为新来的人汇报不了工作。到了那一天，果然，领导的车辆沿着山路，曲曲弯弯、陆陆续续来了。第一个下来的是湖南省委书记徐守盛。徐书记后边就是总书记。没想到啊，总书记来了。

总书记来看望的这个村里的贫困户，其实已经都事先安排好了，都老老实实在家待着。唯一没安排好的，是山顶上的一个贫困户,她手搭了个凉棚,在往下瞭望。总书记看到了,就说,就去这家看看吧。到她家看,据说这家里家徒四壁,只有一塘火。

贫困户就问,您是哪一位啊?哎呀,不知道该怎么称呼您啊。

总书记说,我是人民的勤务员。

后来就有首歌,叫《不知该怎么称呼你》。

在最善于讲故事的萨缪尔森的经济学教材里,在西方经济学的理论里,我们读不到这样感人的故事。

我们翻过头来说,怎么看我们中国经济,大家今天经我这么一讲,才会想到GDP、GNP、名义利率、实际利率、实际国民收入、基尼系数等之类问题,才会去讨论中国经济今天遇到的问题。

中国经济遇到了什么问题呢?从哪个方向来看问题呢?我觉得很重要的一条,如果从萨缪尔森的经济学来看,改革开放以来,中国经济发展的一个重点确实是发生了转变。这个重点一方面是不断地推动城市化、城镇化,推动资本的集聚;另一方面,是把相当大的精力集中在对美贸易方面。

而党的十八大以来,我们再次实现了伟大转变。这个伟大转变，在国内看，就是我们把经济发展的重心放到了农村和基层，在国际上放在了"一带一路"，这是一个很重要的转变。而且最根本的一个转变是，强调资本积累不是目的，经济发展目的是人民的美好生活。从比较含混的"以经济发展为中心"，转向非常明确的"以人民为中心"，这些都是极其巨大的转变。这些转变不是一个空想，而是现实逼迫下的战略转变。

为什么中国经济由资本聚集的急速的城镇化，一下子转向了政府支出的农村和扶贫？其中最直接的原因是四万亿"铁公机"经济刺激计划造成了相应问题，比如说，其结果就是四五千万房奴。如果我们进一步把这个政策完善，必然说继续扩大城市投资，支持土地经济，再搞四万亿去解决城市的住房、教育、医疗、养老问题，很可能到2035年中国GDP就超了美国，变成世界第一大经济体了，中国就可能进入发达国家队列了。

但是，即使这样做，其发展成果主要还是城市里。大城市里几亿人富起来，达到了发达国家的水平，而大多数人，特别是农村和欠发达地区与这几亿人的差距，就无限地扩大了。我们中国就分化为两个部分，发达的和贫困的。

即使城市里的人们可以享受比较公平的房价、比较充分的就业，以及甚至在养老和育儿方面都会有些优惠待遇，那么随之而来的是什么？也可能就是这七八亿人的中国农村就由他去了，中国的环境、雾霾、污染继续加剧下去，中国的基尼系数会更进一步扩大。你解决了一亿人的问题，一亿人进入发达国家，顺便把其他七亿人也平均带进了发达国家。似乎是现代化实现了，但是，这样做的结果是抛弃那七亿人，而且牺牲了环境。

另一方面，我们完全外贸导向型的政策，用十亿条牛仔裤换一架波音飞机，把中国经济牢牢地锁定在国际分工链当中。我们买的美元国债实际利率在不断下降，改革开放几十年，十四亿人用汗水得到的钱最后都被美国消耗掉，国际国内、党内党外都觉得这不公平。

第三，中国的能源需求以及国际战略的变化，也决定了中国西部的安全，这也决定了中国必须向西，加强与俄罗斯、中东和欧盟的联系。美国在东南方向卡着我们，我们必须开拓"一带一路"。

这些举措都是在现实逼迫下我们主动选择的，这是我们中国人的问题，这不是萨缪尔森的问题。

我们这些选择，整体概括为一句口号——以人民为中心。

现在有些人说，哪朝哪代不是以人民为中心，难道美国不是以人民为中心吗？这是胡说八道，美国没有一天以人民为中心，美国就是以富人为中心，以资本利润为中心。

长期以来，我们照抄西方经济学，所承受的一个苦果是：城市发展陷入了宏观经济的圈套。如果没有大规模投资刺激，城市经济无法发展，城市里的就业就不行，而就业不行不是一个经济问题，而是严重的社会问题。

相对于城市来说，中国的农村还没有陷入宏观经济学的圈套，中国的农村发展还有空间和动力，还是个大市场。如果从微观经济、从市场经济的角度看，中国的农民是有房有地，有绿水青山，基本不交税，这一头过去曾经被严重地忽视过。我们总是说淮海战役是人民用小车推着胜利的，新中国建设多亏农民无私付出，改革开放以后，又造成那么严重的"三农"问题，共产党难道不应该去报答一下他们吗？

所以，中国有一个优势，那就是中国广大的农村和大部分地区，还是采用社会主义市场经济。与城市相比，这些地区的负债没有那么严重，基本生态保持得还不错，中国依然存在着很大的内部市场。

西方经济学家里，没有一个人像萨缪尔森对中国这么尊重，似乎也没有一个人这么了解中国。他既对改革开放的中国发展表示肯定，也对毛泽东时代表示肯定。他认为，毛泽东那种社会主义和苏联的社会主义完全不一样，虽然毛主席发动了"文化大革命"，伤害了很多人，但"文化大革命"也影响了世界，推动了美国的转变。

今天，我们的经济遇到了困难，这是事实，但我们稳定住了七八亿中国农民，他们都很高兴，绝不会再成为陈胜、吴广了。中国再出陈胜、吴广的时代永远结束了，农村的阶级斗争、以农村包围城市、武装夺取城市，这种模式再不可能存在了，从中国意义上说，新民主主义革命完全胜利了，用黑格尔的话来说，那个历史在发展中国家还在继续，在中国是已经终结了。当然，我们出现的问题是城市问题，这是我们今天面对的非常严重的问题。这个问题当然不是微观经济学能够解决的：我们可以借鉴宏观经济学的一些手段来处理，这就包括如何通过发行国债，使我们的投资进一步活跃起来，但是，这里也有个限度，就是这个投资的利润不能归少数人，必须主要归于国家。

城市的问题也不是一个简单的投资问题，而是医疗、养老、住房和教育问题。解决这些问题，关键在于一个全心全意为人民服务的政府。在宏观经济学的圈套里，资本利润率下降，这当然就是经济形势不好。经济形势不好，你干多少好事都是错的，谁把经济搞坏了谁下台。如果这个逻辑不改变，那就没有办法谈公正问题。

西方经济学一向有两个传统：一个是说，经济发展的基础就是维护一个共同体，用黑格尔的话来说，就是建立在劳动基础之上的文化的共同体，即伦理实体，这就决定了经济发展的目标和基础是大多数人、大多数劳动者；而另一个是说，经济发展的基础是资本利润的增值，这当然是依靠少数人。

经济学一直在这两种力量之间较劲、徘徊，因为这种区别，微观经济学与宏观经济学就是两种不同的学问。萨缪尔森是徘徊在这二者之间，这个教材的基本结构，就体现了这种徘徊。

在西方经济学中，最右派的是《资本主义与自由》的作者弗里德曼。弗里德曼对一切的非资本主义的行为都严厉讨伐。我经常开玩笑说，弗里德曼就是一个彻头彻尾的"地富反坏右"，他的书非常值得我们看，做反面教材。这本书里也谈公正，但是，是站在资本立场上讲公正，于是就充满了马克思所谓犹太人式的阶级报复。他认为20世纪的世界历史就是扭曲的历史，所谓扭曲的历史、不公正的历史，就是穷人欺负富人，就是蠢货欺负聪明人，就是大多数无赖流氓欺负少数精英的历史。这就是一个毁坏自由的历史，其代表人物就是中国的毛泽东，苏联的列宁、斯大林，美国的罗斯福以及今天德国的默克尔，他们都代表着这些绝大多数的愚蠢者。人类历史发展的方向是让这些少数的、聪明的、能干的人消灭大多数的笨蛋、懒汉和愚蠢的人。一旦把他们消灭干净，鲜红的太阳照遍全球。

这是夏洛克的公正观，其中包含着严重的阶级报复，这是真正的反革命思想。但弗里德曼的思想却一度成为我们中国改革开放的指南。在相当一部分中国精英看来，中国的20世纪的历史就是一批又穷、又坏、又蠢、又笨的人欺负少数聪明能干的地主和知识分子、资本家的过程。除非扭转这个过程，人类历史不会回到正道，世界上不会有公正。"人间正道私有化"，这就是整个当代文学的叙述逻辑，这就是弗里德曼早就说白了的东西，公正就是"申冤在我，我必报应"，这就是阶级报复。所以萨缪尔森说，在人类历史上的经济学家里面，一个极"左"分子叫斯大林，一个极右分子叫弗里德曼。可惜俄罗斯非常不幸，前边赶上了斯大林，后边赶上了弗里德曼，所以苏联的历史是一个在报复与反报复的斗争中归零的历史。他的这一段观察写得真好，极其睿智。

我们下节课就读读弗里德曼的《资本主义与自由》，你读弗里德曼之后，就会知道整个90年代文学的叙述逻辑，几乎就是报复与反报复——这就是所谓公正，是犹太教的公正。弗里德曼这种思想即使放在美国，奥巴马都要镇压他，他跑到中国来，竟然是座上宾的，还指导苏联改革。所以萨缪尔森对他的评价是：赤裸裸的右派。

概括起来说，保罗·萨缪尔森的《经济学》这两册书，非常需要读一读。第一它是经济学专业学生的必读教材，我不知道还有哪个人写教材能写得这么有趣这么好；同时，它也是社会科学的一个经典文献。

搞文学的是不是要看？绝对要看。因为在中国的现代作家中，真正懂经济的，一个是茅盾，再一个是丁玲。他们写了很多关于中国农村土地改革的内容，也包括柳青，写了很多中国农村合作化的变动。他们在很大程度上，都触及了中国经济方面的重要问题。

80年代以来的中国当代文学，是在西方经济从凯恩斯主义走向新自由主义和新保守主义的大背景下产生的。对于这个国际大背景，没有一个搞文学研究的人能够揭示出来，这样，我们就不能深入理解中国当代文学在世界上的地位。

文学艺术要为追求公平正义而奋斗，这是大家都承认的。

问题在于，中国当代文学的相对一部分创作者，确实曾经遭受过个人的不公平待遇，他们的创作是从个人的不公平出发的，这是很自然的，但是，他们似乎很少去思考，这个世界公平不公平，除了对他们个人不公平之外，对于大多数人是不是公平？如果过去对少数人不公平，那么，现在对于大多数人是否公平？美国对今天的新中国大致上是平视的，但是，美国对于世界上其他国家是不是公平？这个世界不公平的根源究竟在哪里？鲁迅说，弱者受到欺凌，抽刀向更弱者，而强者受到欺凌，抽刀向更强者。从这个意义上讲，中国今天的文学，还不是强者的文学。如果只是从个人的不公平出发，没有想到人类的不公平，这样的文学，就不能说是世界文学。

中国当代文学是为经济所决定的。其实，自19世纪以来，我们的生活很大程度上是由经济决定的。用海德格尔的学生阿伦特的说法就是：此前，我们还思考人生可能是有价值的存在；现在，我们把生活理解为谋生。一个作家，无论他多么有权力，多么雄心壮志，都不能脱离经济状况讨论问题。经济不但渗透到我们的生活当中，而且牢牢把控着政治、社会、文化的发展方向。这是马克思都没想到的，他没想到经济会有如此重大的决定作用。

为什么要讲"以人民为中心"？难道讲"以经济为中心"错了吗？这个问题怎么看？

大家一路西方哲学社会科学经典读下来，从希腊到今天，我们很遗憾地看到，西方的社会科学越来越狭窄化，它逐渐地走向以经济为中心，偏执地认为经济问题是所有问题的根源，经济问题是一切工作的目标。这就令人想起了阿伦特的不幸的感慨，她说，问题恰恰是从马克思开始，是他把人类所有的能力理解为生产力、人内在的生产力。而熊彼特又把它说成是企业家的动物性精神、破坏精神。就是人内在的这个东西贬低了人，把自由意志等于资本，把对自由的追求等于对资本利润率的追求，把人类所有的生命、有价值的生命变成了对于生存的追求。而这就是阿伦特所说的现代极权主义的根源——自由意志变成了资本的自由，人由存在变成了生存。

另一方面，在经济成为唯一中心的时代，大家又把经济看作是一门非常专业化、非常神秘的知识，因此很少有人真正去了解经济问题。其中特别是，对于市场经济与资本主义，没有真正地区分，简单地用处理资本主义危机的方式，来指导中国的社会主义市场经济。

我们一直向西方学习，追随西方，学习人家的好处，这没有错，错在我们不真正了解哪是好处，哪是坏处。于是，我们的知识出现了两个致命的问题：第一，忘记了我们的现实是什么，我们的知识和文化的根脉是什么，我们的知识有没有立足于中华大地与中华文明。第二，我们不真正了解西方。如果不真正了解西方经济学，也就不知道什么是资本主义，那样，我们的学术、我们的知识，就会面临一种危险，或者危机——成为西方资本主义的一个变种，一个殖民地的学术，一种殖民地的文学。

为了避免这样的情况，我才下决心开这两门课，其中一门是唐宋以来中国经典文献导读，一门就是西方哲学社会科学经典文献导读。无论多么不自量力，我只能寄希望于中国青年一代，虽然大家在既定的学术规范体制里面，对这些内容不能感到兴趣。

第六篇 弗里德曼

一 ── 批判凯恩斯
二 ── 批判福利国家
三 ── 反面教材的意义

第六篇

弗里德曼

今天的课，我们要讨论的是米尔顿·弗里德曼的《资本主义与自由》。

这本书的好处是：它并未涉及太多的、规范的经济学术语，是一本很通俗的著作，据说在中国卖断货。当然，中国人究竟是怎么理解弗里德曼的，这首先是个很大的问题。

弗里德曼是犹太人，他出身于纽约底层的工人阶级家庭，靠自己一路打拼成为成功人士。他的父辈是来自今天乌克兰的移民，作为犹太人，他对一切共同体都不感兴趣，对国家、政府都持批判怀疑态度。这似乎比较好理解，但是，作为工人阶级家庭的孩子，他对穷人和无产阶级却连一点同情心都没有，他认为穷人之所以穷，是因为他们自身的恶习。他历数工人阶级的恶习，认为这种恶习就是其偏好，因此他认为，对工人阶级实行的任何福利政策，都是鼓励他们懒惰的恶习，甚至都是侵害他们贫穷的"偏好"，乃至侵害他们安于贫穷的自由。弗里德曼的这一立场，不仅对出身决定论、对"阶级成分"的观点构成了莫大讽刺，更使我们思考：为什么马克思这种出身于大富大贵之家的人，对劳动人民如此同情，而弗里德曼这样的穷小子，他一旦混出了头，反而如此露骨地鄙视自己出身的那个阶级？

进一步说，究竟是马克思还是弗里德曼更了解工人阶级呢？用弗里德曼的说法，正是黑格尔、马克思侵害了无产阶级和穷人吸毒、卖淫、躺平、乞讨、酗酒、辍学、懒散的自由，他这种说法成立吗？

在西方经济学家中，弗里德曼非常另类。如果说，整个新古典经济学都是建立在凯恩斯主义的基础上，那么，最旗帜鲜明反对凯恩斯的人就是弗里德曼，所以，他在西方经济学家里非常孤立。弗里德曼标榜自己是自由主义，还得了诺贝尔经济学奖，但几乎没有一个美国正统的自由主义者愿意与他为伍，所以，在西方，弗里德曼被称为"新自由主义"和"新保守主义"分子。

我讲几个内容：

先说说，他是怎样在以下三个方面旗帜鲜明地反对凯恩斯的。

首先，作为尼克松的私人经济顾问，弗里德曼参与瓦解布雷顿森林体系。他主张放弃金本位，主张通过联系汇率制度和国际贸易机制，以此建立新的国际金融制度，维护美元的国际货币地位。

其次，弗里德曼坚定地批判美联储。他认为美联储是造成1930年代美国金融危机的罪魁祸首，具体说就是：在金融危机发生时，美联储不是去救助中小私人银行，而是为了维护自己的货币垄断地位，从而听任私人银行破产，美联储不应该存在。

顺便说一下，弗里德曼对于美联储的攻击，往往被误解为对中央银行制度的攻击，进而被理解为对国家垄断金融的攻击。但弗里德曼所攻击的美联储并不是一般的国家银行，而是成立于1913年，由摩根和洛克菲勒家族联合十二家私人银行成立的金融机构。当时成立这个金融机构的目的，就是为了在金融危机时，由这十二家银行联合体向市场注入流动性，作为交换，美国把美元发钞权让渡给十二家私人银行联合体。简而言之，弗里德曼对于美联储的批判，是对1910年以来美国特殊的金融制度的批判，而这种批判不能简单地被理解为对于一切国家银行的批判。

第三是对美国财政部和美国财政政策的批判，这种批判可以概括为：美国政府的财政政策完全是悖谬的，其在经济萧条时扩大开支，在经济繁荣时反而减少开支。扩大政府开支就要扩大税收，于是，美国在经济萧条时，反而扩大税收，这完全是杀鸡取卵。

这三大批判都指向美国制度、美国政府，可谓是刀刀见血。那么，在弗里德曼看来，美国政府是一个什么政府呢？这么一看，美国政府就是一个把货币理解为黄金和贵金属的政府，是一个在金融危机时不救助中小私人银行的政府，是一个在经济困难时横征暴敛的政府，是一个到处征兵发动战争、把美国青年送上战场的政府。这样的政府，与其说是一个愚蠢的政府，不如说是一个反动政府，是一个威胁自由的政府。他还说，这个坏政府的头子叫肯尼迪，而帮助他制定反自由政策的经济学家就叫凯恩斯。

当然，大家都知道弗里德曼开口就骂政府，但是，在中国却很少有人知道，他首先骂的是美国政府。在这一点上，弗里德曼与替美国政府唱赞歌的萨缪尔森完全不同。大家知道，中国的弗里德曼信徒们也骂政府，但他们从来不骂美国政府，因此我说，中国人究竟是怎么理解弗里德曼的，这首先是个问题。

因为骂凯恩斯，骂美国政府，弗里德曼在美国学术圈其实长期不得烟抽。但弗里德曼自己吹嘘说，虽然美国经济学圈不喜欢我，但中国特别喜欢我，中国的改革这么成功，就是因为中国听我的，美国不听我的，所以美国就烂下去，中国就好起来。弗里德曼于1980、1989、1993年三次访问中国，到处办讲座，在中国有大量粉丝，以至于书卖断了货。后两次来华，他都得到了中央领导的接见。他在中国非常有影响，这确实不是吹牛，但他说中国改革是听他的，这完全是无稽之谈，应该这样说：中国改革之所以还比较成功，一个关键，就在于没有听他的。

比较听他的人，其实是智利的皮诺切特。弗里德曼曾经带着芝加哥学派，帮助皮诺切特设计了一套改革方案。于是，国际学术界一致认为，正是弗里德曼帮助军事独裁者皮诺切特，通过武装政变推翻了民主选举的阿连德政府，他的改革方案，更使广大工农群众陷入水深火热之中。在全世界的左派眼里，弗里德曼就是工人阶级的无耻叛徒，这个曾经的工人阶级的儿子手上，沾满了工人阶级和劳动人民的血。即使在美国，弗里德曼也因为智利政变而臭名昭著。

那么，我们怎么看弗里德曼这个人，怎么看他的书呢？我个人意见有三点：

第一，他骂美国政府，骂凯恩斯，但他也帮了尼克松。他帮助美国建立了新的美元霸权，这个美元霸权是建立在浮动汇率制度和国际贸易制度之上的，所以，这个人对美国是小骂大帮忙的。

第二，他在西方被批判，不仅是因为他反对国家，而且是因为他反对福利国家政策，特别是反对美国财政部和美国财政政策。他认为，美国政府应该减少开支，同时必须大规模地减少在教育、医疗、养老、住房方面的投入，降低治理成本，同时减税。如果实行他这样的政策，自然是穷人受损；实行减税，那美国的税收也会受到很大影响；减少开支，这对美国政府，特别是美国军工企业，更会造成极大损失。美国的公务员、教师自然也会反对他。

第三，也是最重要的，弗里德曼对于"自由"的理解是最为反动的，他不仅背叛了凯恩斯（他早期是凯恩斯主义者），更背叛了黑格尔以来西方对于"自由"的理解。

对于黑格尔来说，自由，就是为了争取做一个有主体性的劳动者而进行彻底的斗争。劳动人民只有通过斗争，才能成为一个堂堂正正的、有主体性的人,而这就是西方哲学社会科学最伟大、最革命、最正义的东西,也可以说是西方哲学社会科学的基石。但是,弗里德曼却把这个基石抽掉了,他认为,穷人和无产阶级的自由,就是不干活的自由,就是安于贫困的自由。从他这种荒谬的观点看,不但黑格尔和马克思是无事生非,而且包括西方的福利国家也是十分有害的。他们所危害的,恰恰就是无产阶级和穷人吸毒、卖淫、躺平、乞讨、酗酒、辍学、懒散的自由。

弗里德曼的金句之一是:黑格尔、马克思、凯恩斯煽动的唯一结果是,无产阶级和穷人失去的不是锁链,他们更没有得到全世界——恰恰相反,他们失去的是安于贫困的自由,而得到的是政府干预的锁链。

所以,弗里德曼不是任何意义上的自由主义者,他是新自由主义和新保守主义者,中国政府当然不会接受他这一套。

那么,中国的自由主义者为什么喜欢他呢?中国所谓的"自由主义"者们接受的当然不是他对美国政府的小骂大帮忙,而是他对黑格尔、马克思、凯恩斯的彻底否定。他们一致认为,无产阶级和劳动人民的一切斗争与反抗,都危害了无产阶级和劳动人民的自由,世界上的一切革命与造反,给劳动人民带来的只是更沉重的锁链。

问题在于，这种观点不是由任何资产阶级分子、贵族分子说出来的，而是由一个曾经是劳动人民、工人阶级的儿子说出来的。弗里德曼的可悲与可怕，不在于他的阶级立场，而在于他在向上爬的过程中，如此赤裸裸地背叛了自己的阶级。这对全世界的知识分子，特别是出身底层的知识分子都是警钟长鸣。他的历程说明了，在劳动人民的孩子向上爬的过程中，油腻是怎样炼成的。

弗里德曼特别擅长辩论，这恰恰是因为他是一个非常油腻的家伙。所谓油腻，就是他说出的任何歪理里，似乎都包含着部分的真理。

我们先来看他的书的第六章——政府在教育方面的作用。

他说，办好美国的一流教育，这听起来似乎很好，但别忘了，这意味就需要给教育投入很多钱。而政府大规模投资办一流大学的直接结果就是大学的行政化。有钱就会造成管理成本巨大，从而造成大批行政人员管理师生，其表现就必然是不断考评。在考评之下，学校再放不下一张平静的书桌，这是因为行政人员不懂教学科研，但他们掌握着考评的尺度。结果是越投钱，行政人员就越多；越考评，学术水平就越低。

再一个就是职业教育。政府拿了一大笔钱去办职业教育，本来这帮孩子还觉得自己有前途，可一旦划到职业院校里，他就认为自己没前途了，所以职业院校里就出打砸抢分子。弗里德曼说，我们本着一片善意，却造成了这么一个结果，再次证明政府是多么愚蠢。

我们再看看他的第十一章——社会的福利措施。

他认为美国政府最倒行逆施的作为，就是干了这么几件事：第一，公共住房；第二，法定最低工资；第三，对农产品价格扶持；第四，对特殊集团的公费医疗；第五，扶贫。

这五条，人人都以为是"资本主义制度的优越性"，但在弗里德曼看来，这恰恰是美国政府最浑蛋的地方。

举公共住房为例。弗里德曼说，为什么要搞公共住房，为什么要搞公租房？政府给出的理由是：贫民窟这种低质量的住房，维持它需要警力成本、防火灾成本，成本太高，不如把它拆迁、修好。

弗里德曼说，这就是面子工程。而他提出的办法竟然是对贫民窟课税，即对住在贫民窟的人收重税，我看你还敢不敢住这里。

弗里德曼反对美国政府搞面子工程，他也提出两个理由：

第一，政府大规模在拆除贫民窟，但拆完之后基本上没建；第二，进行危房改造后，导致了穷人流离失所。

什么是拆迁工程的实质？弗里德曼说，你看，贫民窟所在的地段，要么建了花园，要么建成了高档小区和商场，再就是变成了草地。原来住在贫民窟的人，虽然给了一些补偿，但他也买不起房子，即使离开城市中心区到郊区去，他也买不起房子。他原来还有个贫民窟住，现在只能在更偏远的地方流浪，搭着帐篷住了。美国政府的保障住房工程只是个噱头，根本目的是与房地产商勾结，侵占贫民窟的地皮，这就是腐败。

还有就是强制保险。弗里德曼说，现在政府强行让所有工作的人交养老保险。比如我二十八岁刚开始工作，就开始交八十岁后退休的保险，你这是什么道理？第一，我还不知道我能不能活到八十岁呢；第二，为了我八十岁时在养老院里哆哆嗦嗦地等死，我现在就得被扣钱，我连买件新衣服都不行，这不是对人权的侵犯吗？为什么要交这个强制性的养老保险？何况我八十岁的时候，美国还不知道在不在呢！

又比如第十二章——贫穷的减轻。

弗里德曼说，怎么样叫贫困？怎么样叫富裕？你其实根本没法计算衡量。如果只看收入，绝大多数牧民没有什么工资收入，但他有大片的草场。土地你给他算没算进去？我们一般地把农民看作穷人，但问题是，农民有土地，城里的人没有土地，这怎么衡量他们的收入差距？

所以他说，与其进行累进税，不如进行累退税。或者说，进行一个负的累进税，即实行平均税率。超过的不征，或者少征，达不到平均收入的，给他补一点就完了。

"自然法""自然状态"，这是洛克以来，西方哲学社会科学立论的基础。什么样的人是自然的人？什么样的人才是合理的人？这个问题不是一个文学问题，而是一个哲学社会科学问题。有人说，文学是人学，仿佛只有文学是从人出发的，其实，整个哲学社会科学的资本主义部分，都是从人出发的。

弗里德曼的自由主义，就是建立在人性论的基础上，他的说法是：第一，制度的作用不是鼓励好人做好事，而是防止坏人做坏事。穷人不一定是好人，帮助穷人，不一定是做好事。

弗里德曼认为，社会主义国家的文学，不但把穷人写成天然的好人，而且把穷人写成"高大全"，这种描绘尤其不符合自由主义。弗里德曼说：

> 自由主义者把人当作为不完善的实体。他把社会组织

问题看作为消极地防止"坏人"做坏事的程度等于他把同一问题看作为能使"好人"做好事的程度。当然"坏人"和"好人"可能是同一个人，取决于谁来鉴定他们。①

这实际上是说，社会主义是建立在"穷人是好人"的基础上的，而资本主义则建立在"穷人肯定是坏蛋"的基础上。当然，人肯定有坏的一面，人都有七情六欲，所以自从上世纪80年代以来，中国文学就变了。我们所有的作家都会写坏人，越写越像，以至于这些作家最终写不了好人了。即使写好人，大家也都不再相信，他们笔下的劳动人民，基本都是自私自利、懒惰狡诈的角色。

第二就是人的天赋不同，能力不同，穷人是能力低的人。一个社会最大的不公平，并不是贫富悬殊，而是能力低的人领导能力高的人。

弗里德曼说：

> 自由主义哲学的核心是：相信个人的尊严，相信根据

---

① ［美］米尔顿·弗里德曼《资本主义与自由》，张瑞玉译，商务印书馆，1986年，第16页。

他自己的意志来尽量发挥他的能力和机会,只要他不妨碍别人进行同样的活动的话。在一种意义上,这意味着对人与人之间平等的信念;在另一种意义上,意味着人与人之间不平等的信念。每个人都有得到自由的平等权利。这是一个重要和基本的权利正是因为人们是不相同的;因为,一个人会比另一个人愿意用他的自由来做不同的事情,而在这个过程中,他能够比另一个人对许多生活于其中的社会的一般文化作出更多的贡献。[1]

弗里德曼以为自己非常优秀,主张我们要鼓励优秀的人。如果我们采用的是一种均等主义,那就是最大的不公正,这就是违背了自由主义的正义原则。

最后,我们看他的第十三章——结论。

他的结论是非常清楚的,他说:

在二十和三十年代,美国绝大多数知识分子受到说服,认为资本主义是一个妨碍经济繁荣,从而妨碍自由的不良

---

[1] [美]米尔顿·弗里德曼《资本主义与自由》,张瑞玉译,商务印书馆,1986年,第211页。

制度，并且认为，未来的希望在于政治当局对经济事务进行更大程度的人为控制。知识分子思想的转变并不是由于任何实际的集体主义社会的例子，虽然这种转变无疑地系由于苏联的共产主义社会的建立和对这个社会的光明的希望而大大加速。知识分子的思想转变是通过把既存的具有其一切不公正与缺陷的制度和在设想中可能存在的制度加以比较而完成。进行比较的是实际的情况和理想的情况。

…………

然而条件已经起了变化。我们现在已经有了几十年政府干预的经验，不再有必要把实际运行的市场情况和理想的政府干预可能有的情况加以比较。我们能把实际情况与实际情况相对比。

……现在，谁能在支配苏联一切的大量暴政和专制下看到推进人类自由和尊严的任何巨大的希望呢？在《共产党宣言》里，马克思和恩格斯写着："无产阶级在这个革命中失去的只是自己颈上的锁链。而他们所能获得的却是整个世界。"在今天，谁能认为苏联的无产者的锁链比美国的、或英国的、或法国的、或德国的、或任何其他西方国家的无产者的锁链要轻一些呢？

让我们更仔细地来看一下国内的情况……意图促进经济活动和物价稳定的货币改革却在第一次世界大战期间和其后加剧了通货膨胀……货币改革所形成的货币当局却由于把一个严重的经济收缩转变成为1929——1933年大萧条而对这次灾祸应负主要责任。主要为了防止银行恐慌而设置的制度却在美国历史上造成了最严重的银行恐慌。

意图帮助贫困农民和消除在农业组织中被断言为非正常状态的农业方案已成为对公款的一种浪费、对资源的一种不恰当的使用、对农民所进行的日益沉重和具体的控制。

意图改善穷人的房屋条件、减少青少年犯罪和帮助清除城市贫民窟的住房方案却使穷人的房屋条件变坏，助长了青少年犯罪并且增加了城市的破败。

…………

……也存在着一些例外情况。在全国上下交叉的高速公路、宏伟的横跨大河的堤坝、运行于轨道上的人造卫星都是政府支配巨大资源能力的贡献。……

假设把得失加以权衡，那么，我们很难怀疑，其结果是令人担心的。在过去几十年里，政府所从事的较大部分新事业没有达到它们的目标。[1]

在这个结论里,他不但骂了苏联,也骂了美国;不仅骂了凯恩斯,也骂了马克思。他就是这样靠骂街,深得中国的自由主义知识分子的青睐。

我个人读弗里德曼,有如下体会:

一个是,此人说出了真理:无产阶级的解放、工人阶级的解放,不能寄希望于资产阶级政府。无论如何,凯恩斯主义的资产阶级政府,是无产阶级的糖衣炮弹,追随这样的政府,人民表面上得到点实惠,实际上得到的只能是锁链。

一个是,此人的反动立场,那就是:穷人有穷人的自由,穷人的自由就是禀赋自由,无产阶级禀赋懒惰自私,这也是一种自由。无产阶级根本不想斗争,根本不想革命,只是因为马克思这种人鼓动,人民才跟着去斗争,结果却是在斗争中碰得头破血流。斗争胜利之后,无产阶级依然什么也得不到。

他的骂街,有一定真理成分。他对劳动者的嘲笑,使人刻骨铭心。

---

[1] [美]米尔顿·弗里德曼《资本主义与自由》,张瑞玉译,商务印书馆,1986年,第215—216页。

读弗里德曼，我想起了一个问题：关于现代性与现代化。

有人说，没有西方现代性，就没有西方现代化，咱们中国要搞现代化，必须先学习西方的现代性。中国人搞现代化是从救亡开始，从革命斗争开始，忘记了现代性。中国的现代性被救亡和革命压倒，中国的现代化目的不纯。

问题在于，什么是现代性？那些人说，西方现代性就是自由民主，就是几个口号组成的"普世价值"。非常可惜啊，近代以来，我们中国从西方学的是现代化，而没有学到西方的现代性，没有学到"普世价值"，所以，咱们就需要重新启蒙，重新补课，不要再斗了，还是好好学习西方文明史吧。

简单地说，我认为这是胡说八道。

西方文明史是什么？就是到疆场彼此弯弓月。

什么是现代性？黑格尔说，通过劳动和斗争，争取一个堂堂正正做人的权利，这就是现代主体性的构建，这就是现代性。

在反抗封建的、宗教的、奴隶制的等级制压迫的过程中，资产阶级通过革命斗争，争取了自身的权利。他们破除了封建的、宗教的等级制，而建立的是财产的等级制。

虽然资产阶级的革命不彻底，但西方现代性的精髓、资产阶级现代性的根本就是斗争，这是他们最骄傲的地方。而西方资产阶级最大的失败,就是沉浸在斗争的胜利之中不能自拔,在得意扬扬中笑歪了胡子。

于是,正如黑格尔所说,主人在胜利的那一刻就失败了,因为主人不能变化,主人不愿意变化。今天的西方与美国,最大的软肋,就是丧失了失败感,所以,他们不能继续革命。

丸山升说,只有彻底的失败者,才是彻底的革命者,他这个话是讲毛泽东和鲁迅的。今天的西方,它最大的失败,就是丧失了失败感。

在《路易·波拿巴的雾月十八日》中,马克思这样深刻地讲到了什么是现代性,什么是资产阶级的现代性,他说:

> 不管资产阶级社会怎样缺少英雄气概,它的诞生却是需要英雄行为,需要自我牺牲、恐怖、内战和民族间战斗的。在罗马共和国的高度严格的传统中,资产阶级社会的斗士们找到了理想和艺术形式,找到了他们为了不让自己看见自己的斗争的资产阶级狭隘内容。为了要把自己的热情保持在伟大历史悲剧的高度上所必需的自我欺骗。[1]

---

[1] 《路易·波拿巴的雾月十八日》,《马克思恩格斯文集》第二卷,人民出版社,2009年,第472页。

而什么是黑格尔所归结的现代性，那就是劳动与斗争。黑格尔哲学就是这样一种理想和艺术的形式，这就是被我们称为现代性的东西，它的核心就是劳动与斗争。

而一旦资产阶级以财产的等级制代替了旧的压迫制度，他就认为自己胜利了，他就放弃了斗争的现代性，他们以一些空洞的口号代替这种斗争的现代性。今天，西方资产阶级不再承认自己有任何缺点，他反而认为自己就是最后的人，他的历史是最后的历史，这就是福山所谓：历史的终结与最后的人。

但是，无产阶级不是这样，真正的无产者是看到自己深刻的缺陷的人。

马克思这样说：

> 相反，无产阶级革命，例如19世纪的革命，则经常自我批判，往往在前进中停下脚步，返回到仿佛已经完成的事情上去，以便重新开始把这些事情再做一遍；它十分无情地嘲笑自己的初次行动的不彻底性、弱点和拙劣；它把敌人打倒在地，好像只是为了要让敌人从土地里汲取新的力量并且更加强壮地在它前面挺立起来；它在自己无限宏

伟的目标面前,再三往后退却,直到形成无路可退的局势为止,那时生活本身会大声喊道:

这里是罗陀斯,就在这里跳跃吧!

这里有玫瑰花,就在这里跳舞吧!①

毛主席生前曾经建议,只是读马列是不行的,必须读读资产阶级的书,读读蒋介石的书,共产党人必须知道反面教材。

而这就是弗里德曼的《资本主义与自由》对于无产阶级的意义。弗里德曼是有意义的,意义在于——这个出身于无产阶级家庭的资产阶级学者,比任何资产阶级都更加无情地嘲笑了无产阶级和劳动人民,指出他们的弱点、拙劣、无能和自私,指出他们仿佛是天生的卑贱与堕落。他也许比任何资产阶级学者更为深刻地了解纽约底层工人阶级生活的另外一面,于是,连严肃的资产阶级学者如萨缪尔森也称他为极右派。但是,对于无产阶级来说,他恰是一朵可爱的玫瑰,他的尖锐的刺,深深地扎在我们的心灵深处,促使我们在失败中不得不站起来,一次次站起来,为了无限宏伟的目标,去进行新的形式的伟大斗争。

---

① 《路易·波拿巴的雾月十八日》,《马克思恩格斯文集》第二卷,人民出版社,2009年,第474页。

第七篇 第三世界的经济学

一——社会科学的危机
二——阿明《不平等的发展：论外围资本主义的社会形态》
三——加莱亚诺《拉丁美洲被切开的血管》
四——阿里吉《亚当·斯密在北京：21世纪的谱系》

第七篇

第三世界的经济学

今天的课,第一部分讲讲第三世界的经济学。有两个文本:一个是埃及学者萨米尔·阿明的《不平等的发展:论外围资本主义的社会形态》,一个是拉丁美洲学者爱德华多·加莱亚诺的《拉丁美洲被切开的血管》。

为什么要讲这两个作品?因为它是活生生的,是充满创造力的,是具有强烈批判性的,是由思想解放来推动的;它们甚至是感人的,是有温度的,是立足于大地的、人民的。这些东西,过去也曾经是西方学术的灵魂,但是,二战之后,这些灵魂在西方逐渐丧失了,于是,发展中国家的学术,特别是经济学,对西方经济学乃至整个西方学术构成了一种反思与挑战。

西方哲学社会科学经典,原本都是针对西方的问题而产生的,在解放思想、解决问题中,形成了其光荣的传统,同时也形成了令人骄傲的知识分子共同体。但是，二战之后，在西方，随着一个学术统治体系的形成与确立，那个以思想解放为纽带和旗帜的学术共同体逐渐瓦解了，代之以一个由官僚支配的学术治理体系。当这个官僚宰治的学术治理体系确立的时候，那个以思想解放、学术创新为纽带的学术共同体瓦解了，包括前人的经典被漠视了，学生们几乎不必学习经典著作，只要投机取巧地掌握一套所谓方法就可以了。

我们把这个叫作社会科学的危机。

我们怎么观察这个危机呢？很明显的是：在这个过程中，行政管理的手段，首先腐蚀了强大的、具有光荣传统的经济学共同体。由于这种持久的腐蚀，学术与知识——首先是最有活力也最为强大的经济学学科，逐步建构起以数学为基础的严密论证，形成了一套高度自洽的逻辑范畴系统，成为一个建立在所谓"科学方法"之上的学问。据说它有两种方式：一种是统计归纳的，一种是逻辑推演的。用当年严复的说法，所谓西方的科学方法，就是指内籀与外籀，即归纳与演绎（这真是讽刺）。今天，更有人很庸俗地把这两种方法分别称为实证的方法与规范的方法：所谓规范的方法，就是用一套范畴概念自我循环论证，即自说自话；所谓实证的方法，就是提出一个数理模型，找材料和数据去证明这个模型。这套方法最大的问题是不需要思想，不需要智慧，不需要读书，不需要调查，不需要研究，只要有一点公文技巧格式就可以了。这就是科学研究方法的八股化，它没有创新性，回避问题。就是这套方法，造成了社会科学的危机，特别是对最具创新性的经济学造成了毁灭性的打击。

这种危机是否会影响我们呢？我认为影响是深重的。比如说，我们在申请项目、评价学术，乃至撰写学术、学位论文，出版、发表、评审、评奖的时候，甚至明确规定必须采用这种十分庸俗的方法，必须自觉地把所谓实证性研究、规范性研究作为评价尺度。比如说，在文科的所有评议书里，都有"实验数据是否可靠"这一项，每到这一栏，我们都觉得这是莫名其妙，但你还是得填写。

重读西方哲学社会科学经典著作，回顾西方哲学社会科学的伟大传统，我们分明发现，这种所谓实证和规范的方法，对于斯密、李嘉图、黑格尔、马克思来说，其实是完全陌生的。康德、黑格尔的体系绝不是一种对模型的数字论证，更不是概念的自我循环。黑格尔体系伟大的革命性，就在于他为资产阶级革命奠定的哲学基础。同时，这种方法也是熊彼特乃至弗里德曼所完全鄙弃的，即使弗里德曼的工作，也是为资产阶级的统治提供明确的方案。他们的思想都是在论战与论争中、在创新中形成的，带有赤裸裸的论战色彩与创新性。当然，萨缪尔森把计量方法引入经济学，开创了计量经济学，但萨缪尔森本人认为计量经济学只是宏观经济学的一个分支，只是进行宏观经济研究的方法，不能离开宏观经济学单纯地讲计量方法，那样，就混淆了经济学与数学，等于取消了经济学。

尼采说过，数学是在经济学发展的过程中进步的，正是从交换活动中，产生了计算与计量的方法，把经济学等于数学，这就是把手段当作了目的，这也是马克思的看法。

今天，从事哲学社会科学研究的人，几乎都不读西方哲学社会科学经典，为什么呢？因为那些经典，对于他们的升迁与发表没有任何帮助，他们只要熟悉几个简单的模型，善于组合几个概念和范畴就足够了，而这又是为什么呢？答案也许很简单：过去，研究是写给同行、大众和有教养的读者看的，乃至是写给自己看的，马克思说，他的写作，首先是解决自己的问题，所以，马克思的大量著作都是手稿。而今，研究成果是交给上司、评委、编辑们看的，而这些上司们根本就没读过经典著作，他们没有读过马克思的原著、黑格尔的著作，甚至不知道熊彼特是干什么的,何况是阿明和加莱亚诺了。对我们的上司们来说,一个模型、几个术语已经足矣,再多一点他们就完全看不懂了。于是,这不但造成了无知的盛行,而且造成一个结果:无知是无知者的通行证,学术是知识者的墓志铭。

由写给有教养的读者看,到写给上司、编辑、评委看——知识共同体的瓦解到学术官僚管理制度的形成,这是一个惊心动魄的过程,这个过程特别值得研究。

这套空前的学术管理体制是怎样形成的呢?福柯指出,这套"伪科学"的形成有其黑暗的历史。福柯的著作揭示了这种伪科学形成的黑暗史,从而使黑暗史与所谓启蒙史相对立。在这门课里,我们没有时间讲福柯的著作,但是大家都知道,我们何其不幸,面对着一个新八股的学术治理体系。知识工作不是使我们走向启蒙,而是使我们走向黑暗。这也是今天的学术工作产生大量焦虑与内卷的根本原因。

我们伟大的经济学就是这样,从一个批判的学问、革命的学问、关于未来的学问,逐步走向了黑暗与封闭。一旦采用了所谓实证或者规范的方法,它就不用跟任何人对话,因为它根本不是写给你看的,这样的作品,除了评委和上司不得不看之外,根本就没有人看。

还有，西方经济学是为了解决西方的问题。萨缪尔森明确指出，他的经济学教材是对美国经济状况的描述，适合美国也只适合美国。同样，中国的经济学只能是对中国经济情况的研究，不可能照搬萨缪尔森。现在的问题是，中国的实践有非常丰富的积累，但如何把实践理论化？这根本不是一个技术问题，而首先是一个角度问题，一个立场、观点、方法问题。必须具有中国的视野，采用中国方法，形成中国理论，解决中国问题，这是学术研究的主体性问题。

现在年轻学者技术都特别好，英文、数学都非常好，缺乏的就是一个中国的视角。而在这一点上，拉丁美洲的文学、拉丁美洲的思想对于全世界都有启发意义，就在于他们对于思想和知识的主体性的追求。我们提出中国式现代化，一方面面对着西方世界，另一方面又关联着发展中国家的现代化。发展中国家的现代化是有理论的，是有很坚强的理论主体性的。拉丁美洲对当代世界的文明有三大贡献：一个是大家熟悉的拉丁美洲爆炸文学，一个是解放神学，第三个是依附理论，依附理论就是以拉丁美洲为代表的第三世界现代化的理论。当然，阿明是埃及人，从他的写作看，他的风格很鲜明：第一，他上来就不给你招呼英文，因为他们的母语是法语、西班牙语和葡萄牙语；第二，他直接就指出你这个英文理论本身的问题在哪里，他明确指出，西方社会科学体系陷入了根本性的危机。

首先说一下阿明的《不平等的发展：论外围资本主义的社会形态》这本书。图书馆的这本书被同学们看得皮都掉了，似乎也没有看出中国的理论。那么，他对我们的启发在哪里呢？

阿明这本书的要义在第三节——自主中心式积累的条件：货币制度的作用。

这一节分三部分。第一部分的题目是：从古典思想到凯恩斯和米尔顿·弗里德曼。这个人真够天才的，他只写了提纲式的两页，其实集中讲三个问题。

第一，货币流动和利息率。

货币、利息，这是古典经济学的关键词，但对它的解释非常神秘复杂，就是利息率反映了货币流动的偏好，这种流动偏好是货币的自然属性——这其实等于啥也没说。阿明言简意赅地指出，关于货币流动和利息的理论，没有考虑银行系统的作用。在讲利息率的时候，一个最简单的问题是，利息率是哪来的？利息率首先是银行的产物。如果不看到、不去分析银行系统，而是去画一个抽象的货币流动曲线，那便是转移了分析的对象。这样一来，投资和储蓄之间的不平衡，就被神秘地归结为流动性偏好了，如果说这只是一种货币本身的偏好，那这个偏好就把握不住了。

但是，如果你站在西方资本主义体系外头看，就会很清楚地看到，世界的主要银行全都是西方的，西方主要银行对于调整利息率是起决定作用的，你怎么可能倒过来说，这是一个流动性偏好呢？利息率肯定是银行制定的，你自己是银行，自己制定规则，却说这个规则不是你制定的，而是货币的自然属性——流动性偏好自然形成的，这是欺骗。

可见，如果不讲银行，所谓流动性偏好本身就是个伪命题。你研究流动性的目的是什么？当然是为了操纵利率，是为了操纵流动性。所以，西方主要银行干的事情，其实就是操纵利率，而这是新古典经济学不敢承认的。这是第一条。

第二条是价格反映供给需求这个说法。

阿明指出：现在世界大宗商品的定价权，根本不是由供给需求决定的。过去我们的领导同志讲，他不敢去美国纽约股票交易所，因为中国人一去，看铜铜涨，看煤煤涨。这个就是因为现在世界大宗商品的定价权在纽约货币交易市场，你生产石油没有石油定价权。中国生产这么多钢，没有钢的定价权，石油、钢材、粮食当然不是由供给需求决定的，定价权在纽约股票交易所，因此，阿明说价格反映供需的说法，掩盖了发达国家，特别是美国对于价格的操纵。

第三个问题是比较优势理论。

比较优势的说法立足于劳动生产率，劳动生产率反映你的先天禀赋，劳动生产率高、劳动生产率低，这决定了你适合干什么，你能干什么。阿明说：先天禀赋的说法，其实与流动是货币自然属性的说法一样，都是个伪命题。劳动生产率本身是一个产业的结果，它是产业的属性，而不是人的自然属性、自然禀赋。汽车产业劳动生产率高，种水稻劳动生产率就低，这是产业的结果。如果产业转移呢？如果产业升级呢？如果你能把生产蔗糖变成生产汽车，劳动生产率自然就高了，这就牵扯到一个国家有没有产业政策。

产业的劳动生产率是不断变化的，我们是不是要建立自主的产业体系？这不是说你先天禀赋就适合种地，他先天禀赋就适合造飞机，不是这样的。问题在于西方的产业垄断，它不允许你造飞机、造汽车、造芯片，所谓先天禀赋决定，这也站不住脚。

阿明没有采用什么实证性的方法、规范性方法，他就是讲简单的道理。流动性偏好决定利率，价格反映供需，禀赋决定产业，这些基本定理都被阿明质疑和颠覆了。他说，我可以颠覆的还有很多，我只列个纲，留待发展中国家真正有为的年轻一代去继续干。但是，大家说他的研究不是规范性研究，不是实证的研究，我估计他这样的理论，核心刊物不会给发表。这就是马克思所谓，批判的武器不能代替武器的批判，靠写文章，靠颠覆西方理论，那还是不能搞成现代化。

第二个就是，这么好的著作，为什么在中国老是火不起来？我认为，就在于它说出了一个真理。这个真理就是垄断。古典、新古典经济学特别是新自由主义都在批评垄断，但那是垄断者自己在说垄断。阿明重新定义了垄断，世界上真正的垄断，是建立在世界资本主义体系之上的现代化垄断。垄断是什么？就是不允许非西方国家发展它的现代化，这就叫垄断，西方的垄断就是对现代化的垄断。

这个文章在中国不火，是因为我们不能与发展中国家感同身受，因为我们的经济是独立自主的，而他们是依附的。千万不要小看这个独立自主，毛泽东思想的三要素，就是实事求是、群众路线与独立自主。能够做到独立自主，是我们牺牲了无数革命先烈换来的，是中国革命胜利、社会主义建设在全球封锁中胜利换来的。因此，我们才能够理直气壮地提出中国式现代化，而任何发展中国家都没有能力这样提。如果他们提这个，西方就会直截了当地说,你搞什么现代化? 现代化也是你能搞的?

所以,我经常会遇到一些不知是真傻、假傻还是装傻的家伙问我说,中国式现代化跟西方有什么相同之处? 我的回答是:你怎么不问中国式现代化与第三世界的现代化有没有相同之处呢? 中国与巴西、阿根廷的现代化有没有相同之处呢? 如果不跟西方扯上点关系,你似乎就不敢说话了是吧? 你这种立场就是依附,与依附对立的,就是独立自主。

今天,无论从发达国家还是从发展中国家来看,他们其实都不真正把我们看作发展中国家,不仅是因为你有自主完整的产业工业体系,从根本上讲,是你独立自主。所以,依附理论那个大前提在我们这里不存在。美国有个非常著名的政治学家说,世界是个黑社会,美国就是老大,只有中国不服他管,中国也不交保护费,世界上唯一一个美国拿它没办法的国家,就是中国。

中国特殊,不仅是因为我们搞了社会主义,还因为我们的社会主义也是独立自主的。古巴也是社会主义,但古巴之所以落到今天这个地步,就是古巴只会生产蔗糖,但它不会炼糖,它跟美国搞对立,糖还得送到美国去炼。委内瑞拉只会挖石油,它不会炼油，它跟美国搞对立，但油还得送到美国去炼。同样的，智利只会挖铜矿，它挖出铜来还得给美国炼，它还跟美国搞对立。哥伦比亚几千年堆积的鸟粪，欧洲发生了马尔萨斯问题之后，土地不肥沃了，就到哥伦比亚拉粪去，把几千年的粪拉了一半，最后德国人发明了硝酸盐，就不要它的粪了。还有阿根廷，将来你们凑点钱，趁年轻，一定要到地球最遥远的地方去看看，我们中国有句话，叫有志者不畏山水之远。连续飞三十二小时到阿根廷去看看，土地很肥沃，阿根廷的牧民吃牛肉只吃牛脊梁骨这一块，其他整体都扔了。英国人把他们扔的牛剩下部分都加工，把牛皮加上硝石变成皮革卖给他们。

我们中国人今天去了拉美，就说，你足球踢这么好，你怎么不会炼钢，你不会搞硝酸盐，你不会搞皮革，为什么？他真不会，他不是不想会，是美国人不允许他会。

台湾人也是中国人，台湾人也不傻，天然禀赋自然不低，但他过去塑料也搞不了，其实朝鲜也搞不了塑料，因为美国封锁。王永庆就是最早在台湾搞塑料的，王永庆为什么搞塑料？台湾当局在上世纪60年代，突然想搞塑料，结果搞出来了两个喜剧，一个是要事先给美国打报告，说我们要搞塑料。美国好不容易批了，但出了一个规定，你绝对不能搞个"国企"塑料，你得搞个私企塑料。它只能听话，于是，第二步就去查，查一查银行里谁存钱多，这样就查到了王永庆。当时的王永庆完全不知道塑料是个什么东西，但只好就把项目摁在他头上，这就是台塑的起源。

垄断是什么？垄断就是这东西不归你玩，不是因为你不聪明，简单地说，就是这个东西不该你玩。所以阿明明确说，什么是垄断？垄断说到底就是不允许你搞现代化。因此发展中国家要搞现代化，只有一条路，这条路就是走中国道路。中国这条路是什么？就是独立自主、自力更生的社会主义道路。中国特色社会主义道路是什么？它的第一个特点是独立自主。对于中国这么伟大的国家来说，也是二十八年被全面封锁。封锁好啊，毛主席说，封锁吧，封锁个十年八年，中国什么都有了。你只有关起门来走社会主义道路，才能发展独立自主工业化，这是阿明的一个结论。

阿明这本书不长，但好书为什么在世界不畅销，在中国也没什么影响？说白了，就是他说的这些话大家不爱听。你说老实话，说真话，尽管你说得对，反正美国就不爱听，不宣传你，就等于封杀你，你又能怎样？

今天，一般的中国人对于帝国主义的认识，远不如一般发展中国家清楚。因为我们新中国成立后，特别是抗美援朝胜利后，通过武力把帝国主义挡在了外面，做成了自从哥伦布以来，哪一个非西方国家都做不到的事情。当年大清王朝不行，首先是被打败了，它不是闭关自守，而是没有闭关自守的军事能力，没有当年美国、英国那种光荣孤立的军事实力。

西方厉害，首先是军事能力最厉害。如果说与美国竞争，那抗美援朝才是真正的竞争，军事竞争是最彻底的竞争。说到中美竞争，其实抗美援朝结束后，结果就有了。抗美援朝逆转了五百年帝国主义和殖民主义一统天下的大势，就是彭德怀所谓，帝国主义在海边架起几门大炮就可以征服世界的日子，一去不复返了。

西方的军事力量才是最大的力量，这是霍布斯的《利维坦》和马基雅维利的《君主论》就讲清楚的问题，亚当·斯密的《国富论》也讲这个问题，其余一切的竞争，都是在军事竞争基础上的竞争。没有这个军事基础，你谈不上什么竞争，你只有臣服，而一旦在军事上打了个平手，以后的竞争就基本算是平等竞争了。所以，我们改革开放之后，打开国门，那种开放是主动开放。我们收回香港，底气是你不与我们和平谈判，那我们就打一打。邓小平说，我们不是清王朝，我不驻军，那还叫什么恢复香港主权？主权的问题是不能谈判的。你们要谈判，那就要承认武力对等，你不承认武力对等，我们没有什么可谈的，让解放军去谈。

读《君主论》《利维坦》《国富论》，会读出一个简单的道理——不要以为西方天然就是与我们平等竞争的，当然不是。西方从来没有平等竞争，今天，他们只承认和中国平等竞争，因为它打不过我们，它只能平等竞争。你中国要跳出西方的这个圈，靠的是实力，没有实力做基础，只是在理论上跳出来也没有用。阿明在理论上出圈，但发展中国家实际上还在圈里面，而中国实际上早就出圈了，但问题是相当一部分人，仍在思想上依附。我们在思想上、理论上没有自信，这是我们最大的问题。

下面这部分讲加莱亚诺的《拉丁美洲被切开的血管》。

大家不要以为好书就一定畅销，是真理就一定能被人接受。在这个世界上，情况往往相反。

我们讲的这本书，就是因为写得太好了，所以就被封杀了。封杀先是不让你出，你千方百计出了，就不让你卖，更不允许你宣传，默杀你。

这本书的顾问是索萨，索萨是张承志的夫人，他俩是一对革命夫妻，而且都是做大学问的。索萨曾说，这本书的出版非常曲折。她背着稿子到处推销，最后好不容易才纳入到人文社的"猫头鹰"丛书系列。十年里仅卖了五千册，于是拉美人民很气愤，后果很严重。他们气愤之余，有个胆大的——委内瑞拉总统查韦斯，他在美洲峰会上把这本书送给奥巴马。啪一张照片登出来，于是，在亚马逊，这本书一夜之间排名前三。这就是书的命运，书的命运反映了拉美依附的宿命，连一本书畅销也要靠美国推荐。

查韦斯把它送给奥巴马，这本书立即冲上排行榜。但结果怎么样？后果很严重，一年之后，查韦斯莫名其妙就得了一个病，死了。他要早知道美国会下狠手，就不该把这书送奥巴马，你让我美国出这糗，奥巴马还收拾不了你。

为了一本书，一个总统死了。这就是拉美命运的象征。

从封杀到默杀再到刺杀，这本书的命运就是如此。

在这本书里，你看到一个壮志未酬、满腔悲愤、材料充分、理论坚实、文采飞扬的天才，因为命运不好，偏偏生在拉丁美洲。满篇就是絮絮叨叨控诉，一部血泪史，不知从何说起，于是左一句右一句给写乱了。

我们中国人民现在正在奔小康的道路上，怎么会看他这个絮絮叨叨的狂人日记血泪史？

这本书的每一部分都很精彩，打开第一句话就很精彩，第一句话就是序言：

> 所谓国际分工就是指一些国家专门赢利，而另外一些国家专门遭受损失。地球上我们所居住的这一地区——今日我们称之为拉丁美洲，过早地成熟了，自文艺复兴时期欧洲人越洋过海吞噬这一地区的遥远时代起，拉丁美洲就沦为专门遭受损失的地区。
>
> …………
>
> 对那些将历史看作是一部竞争史的人来讲，拉丁美洲的贫穷和落后就是其在竞争中失败的结果。我们失败了，别人胜利了。但实际上，只是因为我们失败了，他们才获胜。①

这是完全的真话，拉美史就是一部血泪史，是大实话。但非常可惜，西方经济学不是讲真话的地方，所以，在西方经济

---

① ［乌拉圭］爱德华多·加莱亚诺《拉丁美洲被切开的血管》，序言《暴风雪中的一亿二千万儿童》，王玖等译，人民文学出版社，2001年，第1—2页。

学视野里，这本书就是狂人日记。

但这绝不是一部狂人日记，因为作者这么有才华，这么有方法，对西方理论这么熟悉，我们稍加整理，就会发现其中有坚实的理论。

首先，他提出一个悖论，其中一节叫《北美十三个殖民地和出身卑贱的重要性》。他说，卑贱是重要的，北美十三个殖民地之所以交了好运，就是因为它们卑贱。这就是经济学的卑贱定理，卑贱是卑贱者的通行证，高尚是高尚者的墓志铭。

为什么？北美与加勒比海地区和南美的区别首先是土地制度。我们说道路决定命运，而他说命运决定道路。北美的土地、拉丁美洲的加勒比地区的土地极其丰饶。相对来说，北美的殖民地就不那么丰饶了。这决定了什么呢？决定了拉美被掠夺的命运。

卑贱理论，其实就是我们厉以宁老师说的"靓女先嫁"。"靓女先嫁"是说，在黑社会当道的时候，谁长得漂亮谁就被人霸占。放在企业也是这样，你搞得越好的那个企业，你资源越优质，就越容易被占有，因为你是靓女。

正是因为土地丰饶，拉美所有的土地必须购买。谁有钱谁买，这就决定了拉丁美洲的农民全部失地，土地全部被卖光了，从而形成了拉美的土地大庄园制。那么美国呢？美国土地没那么丰饶，所以美国一开始就是耕者有其田，只不过是白人把这个田耕到印第安人头上去了。

因此，悖论就是，拉美现代化的困境，首先是由于它的"丰饶"。这是一个很反讽的视野，加莱亚诺甚至通过比较北美与拉美的历史命运，提出了"北美十三个殖民地和出身卑贱的重要性"这个命题。他指出，正因为丰饶，拉美的土地都必须购买才能拥有，于是土地一开始就落在了财阀贵族手里，而农民得不到土地。北美的土地远不如拉美丰饶，所以才能实行"耕者有其田"。1862年的林肯《宅地法》规定，保证每家农户六十五英亩的土地所有权，其前提是耕种期限不低于五年。"卑贱"与"丰饶"导致了土地制度的不同，土地制度的不同，则决定了发展道路与命运。

还有一个，恰好北美的纬度跟英国一样，于是土地上生产的东西是一样的，没什么英国稀缺的农产品可以出口到英国。相反，拉美的资源是欧洲最稀缺的，由于"靓女先嫁"，对于拉美来说，你早已是人家家里丫鬟，早就被霸占了，你就不可能发展你自己的工业，人家早就把你的家给占了，你哪还有闭关自守这种机会？那么美国呢？美国比拉美穷，对英国意不大，所以英国不管它，所以它才有了这样埋头发展的机会，才能闭关自守。

新中国与美国的建国，都是与土地改革相伴随的。《联邦党人文集》是美国的立国之基，其中麦迪逊就是一个代表广大农民的土地派，他们的基本主张就是耕者有其田，靠农民立国。这也就是在延安时代，美国曾经支持中国共产党的原因，他们认为中国共产党是麦迪逊主义，不是斯大林主义，是土地派。土地，是美国和中国能够独立自主的原因。这一点，读过《飘》这部小说的人都知道。

其次，自被殖民者"发现"以来，拉美就被纳入西方资本主义体系之中，在重商主义时代为西班牙贡献贵金属，在自由贸易时代为大英帝国贡献自然资源，在新自由主义时代为美国贡献能源。产业低端化、单一化，只能依附于西方资本主义体系。这甚至使革命也难以改变命运，革命后的古巴长期依赖蔗糖出口，民主改革后的智利依赖铜矿开采，委内瑞拉依赖石油出口，而蔗糖、铜矿石和原油的深加工，依然要依赖西方和美国。

第三，"去国家化"、资产阶级买办化和软弱无能。这是因为西方资本主义体系的主体是公司，主宰拉美国家的是这些国际公司的分号和代理人。拉丁美洲一个相当重要的特点是去国家化，这个想法在拉丁美洲很盛行。去国家化的原因是所有的权力部门是由公司构成，这些公司全是在欧洲、美国的公司的子公司的分化，结果一个国家就完全公司化了。拉丁美洲所有的精英听到"国家"这个东西就天然觉得不好，所以，弗里德曼这套东西在拉丁美洲很有市场。阿根廷到处都是公司，养牛公司、皮革公司，全是单一化公司，连古巴都是这套公司。真正管事的是公司，而公司的总部全部在西方、在美国。

如果说，一个国家最强大的工具是经济，那么，拉美的经济不是自己国家的工具，而是西方国家榨取拉美的工具，而拉美的国家，反而是西方榨取拉美的障碍。于是，"对这些公司来说，国家并不意味着要着手进行的某项工作，也不是一面要捍卫的旗帜，更不是一个要掌握的命运。国家仅仅是要逾越的障碍，是一个供品尝的多汁水果。说国家是障碍，是因为有时主权会添麻烦"。[1]

作为西方的工具，拉美的资产阶级"与其说害怕帝国主义

---

[1] [乌拉圭] 爱德华多·加莱亚诺《拉丁美洲被切开的血管》，王玖等译，人民文学出版社，2001年，第241页。

的压迫,倒不如说更加害怕人民群众的压力"。[①] 加莱亚诺这样概括说:

> 欧洲共和时期资产阶级最响亮的口号成了时髦货。我们这些国家愿为英国工业家和法国思想家效劳。但是,由地主、掮客、大商人、大投机倒把者、衣冠楚楚的政客和没有根基的知识分子组成的阶级,算什么"民族资产阶级"呢?拉美很快就有具有浓厚自由主义色彩的资产阶级宪法,但却缺乏像欧洲或美国那样有开拓性的资产阶级,缺乏一个把发展强有力的民族资本主义作为其历史使命的资产阶级。拉美大陆的资产阶级生来就是国际资本主义的单纯工具,是给殖民地和半殖民地带来创伤的这台世界机器上的如意部件。站柜台的资产阶级、高利贷者和商人垄断了政权,没有丝毫兴趣推动本地制造业的发展。当自由贸易为英国商品倾销打开了大门时,当地的制造业便在胚胎中夭折了。地主是资产阶级的同伙,他们对解决"土地问题"漠不关心,除非照顾到他们自身利益。在整个十九世

[①] [乌拉圭]爱德华多·加莱亚诺《拉丁美洲被切开的血管》,王玖等译,人民文学出版社,2001年,第246页。

纪，大庄园制靠掠夺得到了巩固。土地改革在拉美地区是一面过早树起来的旗帜。①

第四就是：拉丁美洲没有一个真正健康的资产阶级，当然，全世界发展中国家都没有。他们的资产阶级是什么呢？用作者的话来说，发展中国家的资产阶级全都马尔萨斯化了。马尔萨斯化就是没有长远眼光，就是要快乐、及时消费。所以拉丁美洲和发展中国家是最大的世界奢侈品市场。世界上最好的包、车、衣服，主要消费者是在发展中国家，而不是在发达国家。而且跑步、踢球、爵士乐，吃大麻和摇头丸，凡是让你感官刺激的消费都在这个地方。他喝酒不喝当地的酒，全都喝洋酒。整个资产阶级全部心思都不在发展产业，而在消费，初级产品挖掘出来，消费奢侈品。这就像阿拉伯世界，过去爷爷拉骆驼，父亲挖石油，孙子玩跑车，重孙子又拉骆驼。因为石油挖掘完了，重重孙子连骆驼都拉不上了，这是资源诅咒。资产阶级的马尔萨斯化，这是个定理。

第五个是"靓女先嫁"之后，完全是个丫鬟，只能干粗活。

---

① ［乌拉圭］爱德华多·加莱亚诺《拉丁美洲被切开的血管》，王玖等译，人民文学出版社，2001年，第118页。

拉美没有正经产业，除了出口原材料，什么也搞不了。

今天这个世界，美国管投资、管打仗。发展中国家除了出口原材料，其余什么也干不了。世界上绝大部分大宗商品、工业品，都是中国生产的。

所以，在当今世界，中国最赞成市场经济，最赞成自由贸易，最赞成全球化。中国刚刚加入WTO的时候，美国要求中国开放市场，中国答应了。有人说，这是卖国，这是不平等条约，这是清政府，现在怎么样？现在几十年过去了，现在是中国要求美国开放市场，要求美国市场对世界开放、对中国产品开放。现在是美国反对WTO，它耍赖，威胁要退出WTO。你说我们是大清，我们不是大清。过去是搞生产、搞自由贸易，它玩不过大清了，过去玩不过你，可以打你，现在，你打我试试？

在亚当·斯密时代，英国讲自由贸易。今天，中国现在高举着自由贸易旗帜跟美国竞争，谁高举globalization旗帜就是全球化的典范。我们社会主义中国要推行自由贸易，你们美国竟然不推行自由贸易？你这不是违反世界规则吗？

于是，有人说，这个自由贸易，不但现在对发展中国家没有好处，甚至对发达国家都没有好处，只有中国说对我有好处。

为什么自由贸易对发展中国家没好处？因为在亚当·斯密强调市场经济的时代，拉丁美洲和非洲的作用是什么？非洲就是提供黑奴，那个时候当然存在自由贸易，因为贩奴是自由的。所谓自由贸易对于拉丁美洲而言，首先就是提供金银，掘金矿掘银矿。马克思有一句话：在16世纪，自由贸易和世界市场，开始了资本生活的世界史。我们知道沃勒斯坦①的"世界体系理论"，他说，世界资本主义体系从16世纪形成，为什么是16世纪？1500年葡萄牙人登上巴西，从那以后就开始掘金掘银了。

但是，你别忘记，这个银不是到了欧洲，它是到这个世界体系转了一圈，欧洲人拿了银，就到中国来买中国的东西。其实那时，中国就知道市场经济好。我们给他出口产品——茶叶、丝绸、瓷器、桐油、大米，高端产品都由我们生产，贵金属、白银全到咱们这儿来了，有什么不好？我们赚得肥肥的。

搞市场经济，搞自由贸易，西方和全世界都搞不过中国，这是历史的结论，自1500年以来就是如此。我的《五百年来谁著史》里就有这么一个结论，正是因为西方搞市场经济和自由贸易不行，他们才采用了其他两手。这两手，简单地说，一个

---

① 沃勒斯坦（Immanuel Wallerstein，1930—2019），美国著名历史学家、社会学家，新马克思主义重要代表人物，世界体系理论主要创始人。

是靠发明投资工具，那就是通过伦敦金融市场筹措资本与资金；二是靠军事革命，把资金投入军事扩张，以军事扩张推动贩卖奴隶、走私、贩毒。用熊彼特的话说，就是靠武力和发明投资工具，来打破市场经济的静态循环。这又是一个结论，那就是，西方从来不是靠市场经济，而是靠武力和资本，打破了市场经济和自由贸易。西方不代表市场经济、自由贸易，西方代表资本主义，我们中国自古以来就代表市场经济与自由贸易——这也是历史的结论。

我们说，1840年，我们遭逢数千年未有之大变局，我们当然可以从很多角度去理解这个变局，我理解这个变局，就是资本主义战胜了市场经济，战胜了自由贸易。通过什么手段？通过金融资本创新支撑的武力扩张，这是我的一个观点。

2023年12月26日，习近平总书记在纪念毛泽东诞辰一百二十周年座谈会上发表讲话说："由于西方列强入侵和封建统治腐败，具有五千多年文明历史的中国已逐步成为半殖民地半封建社会，国家蒙辱、人民蒙难、文明蒙尘。"我学习这个讲话，真是感慨万千啊。

东方红，太阳升，中国出了个毛泽东。以毛泽东同志为代表的中国共产党人和志士仁人，为了争取民族独立、人民自由幸福，通过二十八年的波澜壮阔的革命，建立了新中国，中国人民站起来了。

中国人民站起来了，这是什么意思呢？这说明：世界上有这么一个国家，它不必通过资本主义的方式，也能形成极为强大的国防与武力，这个武力足以对抗世界上最强大的帝国主义力量；这说明：世界上有这么一个国家，它不必采用资本扩张的方式，也能创造出巨大的财富，通过自力更生，也能建立起世界上最大的工业体系和国民经济体系；这证明：世界上有这样一个国家，不用通过牺牲压榨本国的劳动人民，不掠夺发展中国家，也可以走出一条更加合理公正的现代化道路，这个国家，就是中国——中华人民共和国。

放眼我们的五千年历史，它说明了一个道理：中国所代表的，从来就是自由贸易、市场经济的道路，而与我们的五千年历史相比，西方的资本主义是很短暂的插曲。

人类第一次全球化是从汉代开拓"一带一路"，那个时候经中亚到地中海，希腊、波斯和中华文明都产生了类似"天下"这样的概念，这是第一次全球化。第二次全球化是公元8世纪，盛唐震惊世界，这是中国和阿拉伯文明在沟通中推动的全球化，中国的造纸术、印刷术都开放给世界了。第三次全球化是13世纪，蒙古帝国的建立实现了欧亚大陆的联通，打开了阿拉伯对于地中海的封锁，为文艺复兴和地中海文明的重新复兴奠定了基础。

16世纪是一个变态的开始，这也就是熊彼特所谓打破市场经济循环的开始，就是在这个时候，西方在所谓发现美洲的过程中，顺路把非洲给抢了一下。世界资本主义体系跟今天我们讲的文明交流互鉴、自由贸易、市场经济什么关系都没有，他们就是掠夺和抢。如果当时的非洲还不是靓女，他发现美洲便真是个靓女，因为如此丰饶，于是，美洲就一直被抢了五百年，被抢得欲哭无泪。

你问中国式现代化与西方式现代化有什么相同之处，我的回答是：从根本上说，没有任何相同之处。

怎么看我们的改革开放？怎么看改革开放与中国革命的关系、与社会主义的关系？怎么理解社会主义市场经济？

有人说，改革开放就是搞资本主义。现在学术界流行一个外国词，叫"短20世纪"，大家以为这是汪晖老师的发明，其实这是法国左派巴丢[①]提出来的，而巴丢也是从马克思主义历

[①] 巴丢（Alain Bardiou，1937— ），法国当代哲学家、作家、政治活动家。

史学家霍布斯鲍姆①那里来的。霍布斯鲍姆的意思是：19世纪是资本主义或者资本的世纪，20世纪是革命的世纪，但20世纪很短，因为全世界的革命都失败了，世界很快又回到了资本的世纪。所以，霍布斯鲍姆的说法是"漫长的19世纪"，而汪晖的说法则是"短20世纪"。

简单说，在欧洲左派看来，20世纪的革命很短，很快就回到19世纪，即回到资本主义去了。全世界左派的革命摇头丸，只吃了很短的一段时间。

我的看法相反，中国的改革开放是搞社会主义市场经济，不是搞资本主义，这不是说假话，是说真话，更不是官话。只有通过系统学习西方哲学社会科学，特别是经济学，通过比较，我们才能看清自己是什么。

我们所谓社会主义市场经济，靠的是广大劳动者的力量，靠劳动、市场的力量，不是靠资本的力量。不是靠欺负别人，靠的是杉原薰所谓"勤劳革命"②。不是熊彼特所谓"资本革

---

① 霍布斯鲍姆（Eric Hobsbawm，1917—2012），英国著名历史学家，英国皇家科学院院士。
② Industrious Revolution，又译"勤勉革命"。最初由日本学者速水融在著作《日本的勤勉革命》（1968）中提出，用于阐释日本进入工业化的路径，即日本是通过劳动集约型技术实现勤勉革命，进而走上工业化道路。

命"，它的目标是共同富裕。它也不是马克思所说的那种西方现代化——即西方压倒东方，城市压倒农村，商业民族消灭农业民族。不是这样的，它是要乡村振兴，要建设社会主义新农村，要精准扶贫，要拿十几万亿去扶贫建小康，这个怎么能说是搞资本主义？你看萨缪尔森，他那里有扶贫这一部分吗？西方经济学里根本就没有扶贫这一部分。这个部分你在西方经济学里是学不到的，因为它们根本就没有。

关于农业是基础，关于农耕是我们文明的根，关于农民是中国现代化、中国革命、中国改革开放的主体，是我们国家的主人公——这种说法，西方的经济学里有吗？甚至可以这样说，农民组织起来革命，农民组织起来搞合作社、联产承包，农民搞工厂、搞乡镇企业，几亿农民推动的现代化，这种学问，马克思主义的经典作家里有吗？没有的。这怎么能说是搞资本主义呢？

我们的革命胜利是农民用小米喂大的，我们的改革开放是农民推动的，我们每个一号文件都是关于农村和农民的，我们无论怎么发展，都把农耕作为我们的根，怎么能说我们的革命与改革开放是对立的呢？

目前，全世界的左派都比较消极，包括西方的、发展中家的马克思主义者。他们一方面认为资本主义是没有前途的，美国是没有前途的，但是，问题在于，全世界的社会主义都处于低潮，苏联瓦解了，虽然中国取得了举世瞩目的成就，虽然美国可见的衰落与中国必然的崛起，将日益成为当今世界的现实，但是，中国是不是社会主义？他们不敢断定。

包括第三世界的左派，他们都是十分困惑的，他们也想走中国的道路，但走不了，所以普遍感到没有出路。

气可鼓不可泄，这个课，最后要说点鼓气的话，当然不是空说。

当今世界的马克思主义者里，乔万尼·阿里吉是一个比较系统的现代化研究者，他的名著是《亚当·斯密在北京：21世纪的谱系》。这本书是2006年出版的，黄平老师等人把它翻译过来，那是2009年的事情，今天重读这本书，可以作为我们这个小课的一个结尾。

我们这个小课，比较系统地梳理了西方哲学社会科学的经典著作，这也是阿里吉的工作。通过这个工作，他思考了经济学发展的方向，思考了中国的问题，与我们的工作十分重合。

阿里吉是意大利人，意大利给我留下了非常美好的印象，意大利人非常聪明、热情、开放。他大学毕业后，先是去非洲的达累斯萨拉姆教书，那个时候，中国正在援建坦赞铁路，他在那里成了左派。回到意大利之后，他在米兰教书，教室里经常拥进一千多学生，上课如同闹学潮。后来他去美国，在霍普金斯大学教书，成为名教授。他目睹了中国的改革开放，非常关心支持中国。可惜的是，他去世了，否则，他会对中美关系做出更大的贡献。

《亚当·斯密在北京：21世纪的谱系》这本书，通过系统地梳理西方哲学社会科学经典著作，特别是经济学传统，提出了一个观点：世界上有两个经济学传统，一个是市场经济的传统，以中国为代表，理论化的开端是斯密；一个是资本主义传统，以美国为代表，理论化的开端是马克思和熊彼特。这就是他所谓亚当·斯密在北京，而马克思和熊彼特在美国。

要了解西方、了解美国，关键在于了解资本主义。要了解资本主义，就必须了解马克思和熊彼特。马克思与熊彼特在一个方面是完全一致的，那就是资本主义不是市场经济，分析资本主义，靠斯密的劳动价值论完全不行，那要靠资本价值论。

如果说，资本能够创造价值，那么资本创造价值的工具不是一般的生产资料，不是劳动，而是货币工具。所以，分析资本主义，出发点不是商品，而是货币、信贷、债务，以及利润、利息、利润率、利息率，这都属于货币理论。这是马克思在《资本论》第三卷里开创，由熊彼特继承的东西，新古典经济学里主要是这些东西。

资本主义是靠货币工具驱动的，不是靠劳动驱动，不是靠市场驱动的。通过对货币工具的发明与采用，西方形成了资本的优势，从而导致了其军事优势。至于其在工业化与技术方面的优势，很大程度上是西方军事化的副产品。西方的现代化首先是军事现代化，军事现代化是采用货币工具的结果，所以，西方的发展方向一定是军事扩张与资本扩张。

资本主义追求的是货币投资的资本回报率，市场经济追求的是劳动生产率，这是两个方向完全不同的东西。

马克思和熊彼特都认为，资本主义是不可逆的，西方以其资本和武力优势控制了全球的劳动与商品，没有力量可以与之竞争。马克思与熊彼特的区别仅仅在于：在马克思那里，西方和资本的扩张是有边界的，西方会由于穷兵黩武和投资过剩而耗尽全球资源，导致资本主义自行崩溃；在熊彼特那里，资本主义总会通过创新找到摆脱危机的办法，资本主义总会起死回生，如此而已。

关键在于，有没有一种东西可以与资本主义竞争呢？具体说，市场经济是否能够与资本主义竞争呢？马克思与熊彼特的回答是否定的，而阿里吉的回答是肯定的。

阿里吉在这个角度重读了市场经济的祖宗——斯密的《国富论》，他有这么几个发现。

一是，斯密认为中国是市场经济的典范。他说，世界上没有比中国更大的经济体，中国是世界上最大的市场。

二是，在斯密那里，市场经济不是一个抽象的、自动达到平衡的模型，市场经济就是国家追求财富的工具，是一个追求劳动生产率的工具，而这恰恰是中国对于市场经济的理解。

第三，资本回报率与劳动回报率是对立的。资本之间的竞争，可以压低资本价格，有利于劳动者，所以，市场经济要反对资本垄断，鼓励资本竞争，必须保证大的资本家不能挑战国家，而中国正是这么做的。但是，中国也存在一个问题，就是随着市场经济的发展，非生产性力量也在扩大，官僚制度日益膨胀，治理成本不断增高。如何以市场的方式来降低治理成本，这是中国面对的问题。

第四，中国经济的发展，是随着农业发展，自然带来的手工业和商业的发展，这是自然的发展。而西方的发展是由于农业不发达，不得不走手工业发展的道路，走羊吃人的道路、消灭农村的道路，这是不自然的发展。

第五，中国的问题是，随着市场经济的发展，随着劳动人口的增加，随着产品的扩大，中国的市场变得越来越饱和。所以，扩大市场，推动自由贸易，对中国来说是个好事，也是必由之路。

第六，世界白银的流动，在中国与西方导致了不同的结果：在西方，白银的流动导向了军事扩张的投资，也带动了西方的工业化；而虽然世界上大部分白银都流到了中国，但这些白银被劳动吸收了，它没有带动中国的军事革命，军事革命也没有带动工业革命。

综合以上斯密的问题，阿里吉概括说，市场经济是由中国来推动的，中国能否使市场经济不断扩大，关键在于市场的幅度，关键在于自由贸易。但是，近代以来，中国建立全球性市场的努力，被西方的入侵打断了。

于是，如果市场经济的前途系于中国，那么，就要看中国能否应对资本主义挑战，这就是我们面临的"大变局"或者说是"大分流"。

而中国的问题在于两点：第一，中国能否以农民的军队，战胜西方资本雇佣的现代化的军队；第二，中国能否以劳动驱动的市场体系，对抗西方金融驱动的资本主义体系。换句话说，中国的"勤劳革命"之所以可以称为革命，关键在于：第一能否把勤劳转变为武力，第二能否把勤劳转变为工业化的一个决定性动力，这两个革命能否完成。

阿里吉认为，中国革命和中国的社会主义工业化，很明确地回答了这两个问题。

从这个意义上说，中国的改革开放，不过是使中国在克服了大变局后，重新回到了市场经济的道路上。中国重新成为世界市场的火车头，这就是中国所谓"复兴"的一个意思。

但是，由于中国革命和中国工业化的完成，今天的中国与过去的中国又完全不同：第一，中国的市场经济不太可能再次被西方的武力所打断。所谓不太可能，不是因为西方不想，而是因为西方不敢，无论与中国发生核战争还是常规战争，西方都没有胜算。第二，中国市场经济产生的巨大财富，不太可能被西方资本所收割，因为这在制度上不可行，其中很关键的一点是中国的资本项目不向西方开放。同时，中国掌握了相当数量的西方资本，包括美国国债，中国有办法、有能力、有理由使美元丧失世界货币的地位。

封建主义与资本主义都威胁市场经济。对于历史上的中国来说，封建主义对于市场经济的威胁主要是官僚制度造成的高昂的治理成本。今天的中国当然有资本化的趋势，但是更要看到，中国的社会主义市场经济中，包含着许多社会主义的内容，例如重视农村与农业，强调以人民为中心，扶贫、小康。这些因素不但是西方经济学里没有的，而且表明中国的经济依然是建立在劳动价值论的基础上。中国经济与西方经济的根本区别，主要在于中国经济不是资本驱动的，衡量中国经济的标准不是资本收益率，而主要是"人民对美好生活的向往"。

阿里吉说，西方具有资本的优势，拉美具有资源优势，中国所具有的就是劳动的优势。拉美的资源优势，没有成为发展的动力，而是导致了被掠夺的灾难。西方的资本扩张，最终造成的只能是崩溃，美国也难以逃脱这个命运，资本主义的道路确实走不通。

中国文化是一个立足共同体的文化，市场经济的基础是劳动价值论，市场经济这条道路是否走得通，那就要看中国了。全面地观察西方哲学社会科学，我们会发现，劳动是最为关键的因素，这是黑格尔哲学与斯密经济学的基石。在他们之后，西方思想产生了一个预设，那就是市场经济不能应对资本主义的挑战，如果中国成功，那么，斯密、黑格尔、马克思以来的西方思想都要改写。如果中国特色社会主义道路,能够跳出马克思和熊彼特所说的资本主义体系,并在新的历史条件下开创一个全球市场经济,那么,我们就会说,我们超越了西方哲学社会科学体系,建立了中国的哲学社会科学。而这门学问,将对世界产生持续的影响,这就是我们这门课的期望,期望在广大青年学生的觉醒与觉悟,因为在你们身上,寄托着中国与世界的未来。想想这些,把很短的人生用于评职称发论文往上爬,那将何其渺小。

附录:
参考书目

《资本论》

[德]卡尔·马克思著,中共中央马克思恩格斯列宁斯大林著作编译局译,北京:人民出版社,2018年

《马克思恩格斯文集》

[德]卡尔·马克思、弗里德里希·恩格斯著,中共中央马克思恩格斯列宁斯大林著作编译局编译,北京:人民出版社,2009年

《理想国》

[古希腊]柏拉图著,郭斌和、张竹明译,丛书:汉译世界学术名著丛书·哲

学，北京：商务印书馆，1986年

《政府论》上篇

[英]洛克著，瞿菊农、叶启芳译，丛书：汉译世界学术名著丛书·哲学，北京：商务印书馆，1982年

《政府论》下篇

[英]洛克著，叶启芳、瞿菊农译，丛书：汉译世界学术名著丛书·哲学，北京：商务印书馆，1964年

《联邦党人文集》

[美]汉密尔顿、杰伊、麦迪逊著，程逢如译，丛书：汉译世界学术名著丛书·政治法律社会，北京：商务印书馆，1980年

《法哲学原理：或自然法和国家学纲要》

[德]黑格尔著，范扬、张企泰译，丛书：汉译世界学术名著丛书·哲学，北京：

商务印书馆，1961年

《战争论》（全三卷）

[德]克劳塞维茨著，中国人民解放军军事科学院译，丛书：汉译世界学术名著丛书·政治法律社会，北京：商务印书馆，1964年

《人口原理》

[英]马尔萨斯著，朱泱、胡企林、朱和中译，丛书：汉译世界学术名著丛书·经济，北京：商务印书馆，1992年

《经济发展理论》

[美]约瑟夫·熊彼特著，何畏、易家详等译，丛书：汉译世界学术名著丛书·经济，北京：商务印书馆，1990年

《经济学》（第19版）

[美]保罗·萨缪尔森、威廉·诺德豪斯著，萧琛译，丛书：汉译世界学术名著

丛书·经济，北京：商务印书馆，2013年

《资本主义与自由》

[美]米尔顿·弗里德曼著，张瑞玉译，丛书：汉译世界学术名著丛书·经济，北京：商务印书馆，1986年

《不平等的发展：论外围资本主义的社会形态》

[埃及]萨米尔·阿明著，高铦译，北京：社会科学文献出版社，2017年

《拉丁美洲被切开的血管》

[乌拉圭]爱德华多·加莱亚诺著，王玖等译，丛书：猫头鹰学术译丛，北京：人民文学出版社，2001年

《亚当·斯密在北京：21世纪的谱系》

[意]乔万尼·阿里吉著，路爱国、许安结、黄平译，丛书：当代中国研究译丛，北京：社会科学文献出版社，2009年